中华复兴之光
深厚文化底蕴

中华精武神功

杨宏伟 主编

汕头大学出版社

图书在版编目（CIP）数据

中华精武神功 / 杨宏伟主编. -- 汕头 : 汕头大学
出版社, 2016.1（2020.6重印）
　　（深厚文化底蕴）
　　ISBN 978-7-5658-2392-3

　　Ⅰ. ①中… Ⅱ. ①杨… Ⅲ. ①武术－介绍－中国
Ⅳ. ①G852

中国版本图书馆CIP数据核字(2016)第015349号

中华精武神功　　　　　　　　　ZHONGHUA JINGWU SHENGONG

主　　编：杨宏伟
责任编辑：任　维
责任技编：黄东生
封面设计：大华文苑
出版发行：汕头大学出版社
　　　　　广东省汕头市大学路243号汕头大学校园内　邮政编码：515063
电　　话：0754-82904613
印　　刷：北京中振源印务有限公司
开　　本：690mm×960mm　1/16
印　　张：8
字　　数：98千字
版　　次：2016年1月第1版
印　　次：2020年6月第3次印刷
定　　价：32.00元
ISBN 978-7-5658-2392-3

前言

党的十八大报告指出："把生态文明建设放在突出地位，融入经济建设、政治建设、文化建设、社会建设各方面和全过程，努力建设美丽中国，实现中华民族永续发展。"

可见，美丽中国，是环境之美、时代之美、生活之美、社会之美、百姓之美的总和。生态文明与美丽中国紧密相连，建设美丽中国，其核心就是要按照生态文明要求，通过生态、经济、政治、文化以及社会建设，实现生态良好、经济繁荣、政治和谐以及人民幸福。

悠久的中华文明历史，从来就蕴含着深刻的发展智慧，其中一个重要特征就是强调人与自然的和谐统一，就是把我们人类看作自然世界的和谐组成部分。在新的时期，我们提出尊重自然、顺应自然、保护自然，这是对中华文明的大力弘扬，我们要用勤劳智慧的双手建设美丽中国，实现我们民族永续发展的中国梦想。

因此，美丽中国不仅表现在江山如此多娇方面，更表现在丰富的大美文化内涵方面。中华大地孕育了中华文化，中华文化是中华大地之魂，二者完美地结合，铸就了真正的美丽中国。中华文化源远流长，滚滚黄河、滔滔长江，是最直接的源头。这两大文化浪涛经过千百年冲刷洗礼和不断交流、融合以及沉淀，最终形成了求同存异、兼收并蓄的最辉煌最灿烂的中华文明。

五千年来，薪火相传，一脉相承，伟大的中华文化是世界上唯一绵延不绝而从没中断的古老文化，并始终充满了生机与活力，其根本的原因在于具有强大的包容性和广博性，并充分展现了顽强的生命力和神奇的文化奇观。中华文化的力量，已经深深熔铸到我们的生命力、创造力和凝聚力中，是我们民族的基因。中华民族的精神，也已深深植根于绵延数千年的优秀文化传统之中，是我们的根和魂。

中国文化博大精深，是中华各族人民五千年来创造、传承下来的物质文明和精神文明的总和，其内容包罗万象，浩若星汉，具有很强文化纵深，蕴含丰富宝藏。传承和弘扬优秀民族文化传统，保护民族文化遗产，建设更加优秀的新的中华文化，这是建设美丽中国的根本。

总之，要建设美丽的中国，实现中华文化伟大复兴，首先要站在传统文化前沿，薪火相传，一脉相承，宏扬和发展五千年来优秀的、光明的、先进的、科学的、文明的和自豪的文化，融合古今中外一切文化精华，构建具有中国特色的现代民族文化，向世界和未来展示中华民族的文化力量、文化价值与文化风采，让美丽中国更加辉煌出彩。

为此，在有关部门和专家指导下，我们收集整理了大量古今资料和最新研究成果，特别编撰了本套大型丛书。主要包括万里锦绣河山、悠久文明历史、独特地域风采、深厚建筑古蕴、名胜古迹奇观、珍贵物宝天华、博大精深汉语、千秋辉煌美术、绝美歌舞戏剧、淳朴民风习俗等，充分显示了美丽中国的中华民族厚重文化底蕴和强大民族凝聚力，具有极强系统性、广博性和规模性。

本套丛书唯美展现，美不胜收，语言通俗，图文并茂，形象直观，古风古雅，具有很强可读性、欣赏性和知识性，能够让广大读者全面感受到美丽中国丰富内涵的方方面面，能够增强民族自尊心和文化自豪感，并能很好继承和弘扬中华文化，创造未来中国特色的先进民族文化，引领中华民族走向伟大复兴，实现建设美丽中国的伟大梦想。

目 录

1

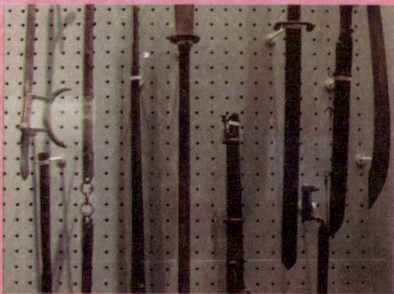

棍术

作为武术器械的棍，是最早的原始工具，木棒、木矛是人类最早的武器。

棍棒虽不是战场上的主要兵器，但在某种场合，则更为方便，易被人使用。徒手搏斗，力气大者可占不少优势，但用棍搏击，情况就不同了。棍术在技击上不主张硬拼劲力，而是讲究技巧方法，刚柔并用。

古代棍术流派甚多，明代已有少林棍、巴子棍、俞大猷棍术等10多种棍术。后又演化出长梢子棍、三节棍、双节棍、五郎八卦棍、八极棍等。

劲猛而慈悲的少林棍术

　　少林功夫可称为我国武术之源，其他各门派武术均与少林武术有着千丝万缕的联系。在少林武术中，棍术为重要的一宗。

　　少林棍的起源，相传与隋代在少林寺烧火做饭的火头僧有关。当时由于僧人众多，在少林寺烧火做饭并不是件轻松的工作。少林寺有一位火头僧在天天烧火中，悟出了一手烧火棍的好功夫。

　　隋炀帝大业年间，少林寺得到消息，不久会有1万多山贼入侵少林寺，在众僧都惊慌失措的情况下，这位火头僧挺身而出，在短时间内训练了100多名年轻僧人学会少林棍，保护了少林寺。

　　少林武僧为何崇尚和擅长

用棍，这里有着深厚的历史渊源。

　　早期少林武术很重要的一个作用就是保护寺院。在使用兵器时，由于少林寺为佛教寺院，"慈悲为怀"乃是僧人行动的准则。这样，僧人在反击时不能以杀人的冷兵器刀、枪、剑、戟作为武器，这有违教规。于是僧人便选择了平常并非是杀人武器的棍。因为棍不仅是日常最常使用的器具，作战时同样是具有杀伤力的兵器。

　　古代由铜铁等金属铸成的刀、枪、剑、戟，并非为百姓制造，它们是国家军队才准许使用的武器，是为统治者服务的武器，百姓通常是不可以随手提刀携枪的。

　　古代朝廷对冷兵器的管理历来都是很严格的。秦灭六国，收六国之兵器而铸铜像，其目的就是不让百姓拥有兵器。既然金属铸造的兵戈不允许百姓拥有，少林武僧自然选择了不被官方认为是杀人兵器的棍。

　　武僧喜欢用棍与生存环境有关。少林寺处在嵩山深处，经常有狼虫虎豹等群兽出没，武僧生活在其间不断受到猛兽的袭击，为了防身便用棍作为武器，抵御猛兽的进攻。所以从立寺起，少林武僧就有出门带棍的习俗，这是武僧用棍的原因之一。还有一个是棍最容易得

到，也最容易制作。

火头僧之后不久，又有著名的"十三棍僧救唐王"的事迹，是说李世民与郑帝王世充战争之时，不幸被捕获，少林寺上座僧善护，都维那僧惠场，寺主僧志操，以及昙宗、普惠、明嵩、灵宪、普胜、智守、道广、智兴、满、丰凭着高超的棍术，将李世民救了出来。

为感谢少林众僧，李世民登基后，"嘉其义烈，频降玺书宣慰，赐田40顷，水碾一座，即柏谷庄是也"。并且对13位战功突出的少林和尚不但均有赏赐，而且封昙宗为大将军。后来，宋太祖赵匡胤曾在少林寺学艺，并留下了"太祖长拳"和"太祖棍术"。

金元时期，少林寺中还出了一位著名的火头棍僧名叫紧那罗。传说，当时一伙叛军包围了少林寺。少林寺护法神关羽出战迎敌，也被杀得大败。大家不知如何是好的时候，蓬头垢面的火头僧紧那罗毛遂

自荐要出外作战。护法神关羽看不起这位火头僧，说："只要你能退敌，我甘愿把护法神的位子让给你。"

没想紧那罗少林棍术十分了得，真把叛军打败了。

第二天，僧人发现少林寺伽蓝殿里的关羽神像竟然自动移出殿外。大家把他抬回去，但神像又自动移出。如此三番五次之后，大家知道关羽绝不食言。于是就按照紧那罗的样子塑了一尊神像放入殿中，而手持烧火棍的火头僧紧那罗就成了少林寺的护法神。

明代的时候，东南沿海一带屡屡遭受日本倭寇的骚扰，这些倭寇以沿海岛屿为据点，时常上岸烧杀抢掠，倭寇使用的是倭刀，他们的刀术奇诈诡异，明军正规部队经常吃败仗，于是以武功闻名天下的少林武僧应征出战。

当时少林寺的方丈是坦然法师，他听说了倭寇的暴行，十分震

惊，决定派武功高强的大弟子月空和尚为首领，带领月忠、自然、慧正、智囊等人在内的31名武僧前去抗倭。

这31位武僧都是由月空和尚一个一个仔细挑选出来的，为了确保他们确实能够"技压群僧"，月空沿用了少林寺"打出山门才出寺"的老规矩，即每名武僧都要闯过少林各项考核关。31人选定之后，寺里给他们每人配备了一匹马和一根很重的铁棍，他们凭着少林棍术将倭寇打得闻风丧胆。自此，沿海一带相当长的一段时间内平安无事。

这时期出现了许多抗倭好汉、民族英雄。最有名的是"俞龙戚虎"。俞是俞大猷，戚是戚继光。俞大猷的功夫得自少林，并回传少林棍术，成为了武林中的一段佳话。

俞大猷不仅回传了少林棍术真功，还把少年时学的少林棍，结合自己多年演练的体会和临阵克敌制胜的经验，写成一本书，名为《剑经》。

因为俞大猷是将棍当做长剑，《剑经》其实就是棍经。《剑经》一写出来，俞大猷的少林棍术就天下闻名，称为"俞公棍"，《剑经》也成为明代以来的武术经典。

经过历代武术家发展、融会，再创新，少林派棍术形成了一个庞大的体系，主要有：猿猴棍、风火棍、齐眉棍、大杆子、旗门棍、小夜叉棍、大夜叉棍、小梅花棍、云阳棍、劈山棍、阴手棍、阳手棍、五虎擒羊棍等。

少林棍术"棍打一大片"，一扫一劈全身着力。棍练起来呼呼生风，节奏生动，棍术密集，快速勇猛。它既能强身健体，又能克敌制胜，在历代抗敌中，少林棍发挥过重要作用。

阴阳棍是别具一格的少林棍术。传由明代抗倭名将俞大猷所创。这套棍术是军队中骑军棍术与步军棍合二为一的综合套路，故称"阴阳棍"。

少林夜叉棍棍术多变，以扫、拨、云、架、撩、戳、劈、舞花、挑、点为主要技法，尤其挑点戳棍术较多，体现了少林棍谱中讲的"三分棍术七分枪术"的棍术要旨，是不可多得的精华套路。

少林六合棍也是少林武术中的精华，由6种棍术绝招组合而成，故称"六合棍"。这个套路是两个人以实战为基础的攻防对打。

少林六合棍一直是少林寺秘不外传的镇寺之宝，经过历代武术高僧的不断修正和完善，其棍术之精妙，已经达到炉火纯青的境界。

少林功夫棍是少林寺正宗传统器械之一，此棍是隋末十三棍僧救唐王流传的棍术之一，技击性强，步法稳健，动作刚劲有力，在少林传统器械中有独到之处。

少林疯魔棍是少林武术体系中长器械的一种，是一套风格独特的棍术套路。该套路舒展大方，走架灵活，身棍合一，主要以扫打点挂、抢劈拔架、舞花挡挑为主，其动作快慢相间，技击性强，是一套难得的棍术套路。

少林烧火棍是少林寺稀有棍术之一，被尊为"艺中之魁"。此棍又称"猿猴棍"和"猿猴棒"，动作简洁明快，质朴无华，颇具实用性，有"练好猿猴棒，走遍天下没人挡"之说。

少林烧火棍的主要动作特点是右脚提起、左脚蹬地跳起，然后右脚落地，左脚前落前掌着地成左虚步；同时右手持棍在体前向左向前向后绕拨一圆圈至身后棍端拄地，左手屈肘手心朝内由下向右上经脸部左格至左肩，小臂内旋成刁手。

少林镇山棍也是自古相传下来的，是宝贵的传统文化遗产，由于历史的久远与沧桑，终以"武道家学"的形式承袭保存，可谓尘封已久，实为珍贵。

少林齐眉棍是我国武术长器械一种。齐眉棍立棍于地，棍高以眉齐为度，舞动时可大蹦大跳，灵活多变，棍声呼啸，气势极为勇猛。

明代时，著名武术家程宗猷著有《少林棍术阐宗》，这是最真实可信的少林棍术著作。书中介绍了小夜叉、大夜叉、阴手、破棍等少林本门棍术，并对自己在明万历年间初入少林寺习武10多年的经历予以记载。

从书中可以得知，程宗猷去少林寺是为了学习棍术，而他之所以选择少林寺，就是因为听到了紧那罗王创少林棍的传说，但当他入寺后才知道，紧那罗王的故事其实并不属实，但幸运的是，他得知了少林棍的真正创始人。

知识点滴

变化多端的八卦棍术

　　八卦棍，全称"五郎八卦棍术"，相传由宋代杨家将之一的杨五郎始创，因此而得名。杨五郎随父征辽，后出家到五台山为僧，以枪化棍，棍术由太极生两仪，两仪生四象，四象生八卦，演变为六十四点棍术，符合内外八卦八八六十四之数，故名"五郎八卦棍"。

相传杨五郎杨延德得知几位兄长战死，父亲撞死李陵碑，伤心欲绝，时有高僧智光大师出现，点化五郎，五郎遂于五台山挂单出家。

当时，因为佛门不可动刀枪，所以杨五郎将长枪改成木棍，又将枪术变化成棍术后创出闻名后世的"五郎八卦棍"。所以说五郎八卦棍完全是杨家枪术演变而来。

五郎八卦棍于清代道光年间，由兴化府莆田县竹林村高手林老宝传于屏南县南峭村林日炳，林日炳又传长桥镇官洋村、远坵村和路下村等地。

其中官洋村江呈槐为林日炳高足，尽得真传。他所使棍术特点是脚踩八卦，前后左右，变化多端，脚步紧凑，脚踩不过箩筛。

至清代末期，大侠黄飞鸿从其父黄麒英那里学来五郎八卦棍术，后来他融入南派武学功法精华，并由高徒林世荣发扬光大。

八卦棍术依照五行理论，《洪拳八卦棍谱》记载：

一身居中，二手二足，为之前后左右，有防有击，有立有踢，一体遍废，不能为也。唯五法具而一人，故起五之数。

一人之斗，身体手足，皆有屈伸之节，屈于后者，伸之于前，屈于右者，伸之于左，使皆屈而无伸，伸而无屈，僵

人而已，一身四肢屈伸变化有无穷无尽之形，故前正而后奇，忽焉正后而奇前，犹五体之从心无不胜也！

所谓八卦，以法内有太极、两仪、阴阳、四象等名称，太极生两仪，两仪生四象，四象生八卦。所以五郎八卦棍术有64点。先击四正，后击四隅，四隅即四方之角，也就是击八方，每方8点，即八八六十四点。此法比象八卦而生，故法内有揭法、大小、运星、麒麟步等架势，用来躲身进退、闭弹挑剔，以迷惑对手。

此六十四点棍术为全法中之经纬，法内有阴阳、平山、提拦、运星、标龙、揭法、两仪、四象、大小太极、左右太极、量天尺、侧手提拦、覆手、下马金钱、下马枪、大小运星、直枪、扣枪、左偏、右偏、捷打、弯弓、搭箭、撑舟、插地、脱取、麒麟步、天柱脚、十字身、尖身、卧身、金龙转尾、饿虎擒羊、羊冲饿虎、进身大取、退步撩阴、芙蓉滴露、青柳垂丝、金鸡独立、半月冲霄、避风、扑雨、青蛇扑面、毒蟒潜踪、垂柳提脚、举案齐眉、蟠龙、伏虎、连环枪、龙虎会、挑纵手、横冲、直取、应变偷弹、死里逢生、下马提拦等。

五郎八卦棍术长短兼施，双单并用，法门多而密，技法以圈、点、枪、割、抽、挑、拨、弹、掣、标、扫、压、敲、击14字为诀，变化多端。另外，在应用原则中也有"十四字诀"，即为长、短、刚、柔、偏、正、上、下、迎、休、闭、弹、挑、剔等。

长、短：即与敌方之距离及棍术在长与短距离时所用之对应手法。

刚、柔："刚"是以硬碰硬，以刚制柔，有开山劈石的气势，刚在这里不是指身体发出的拙力，而是指把全身的劲力传达至攻击点之上，是要经过长时间训练而得到的结果。"柔"是顺敌之来势而不与硬碰、蓄劲、闪避、运气调息、以静制动、后发先至、不用力斗、只用智取等，从而达到四两拨千斤的目的，再用刚劲把敌人制服。"六点半招式"中之圈棍所采用之阴阳互转手法，乃刚柔并制之上乘手法。

上、下："六点半"招式中之挑棍是向上挑，而千字棍即割棍则向斜下杀或盖。此两招用于练习六劲中之上与下劲。

迎、休、闭："迎"是用棍剪搭对方之来棍。"休"是避开对方之来势，不与硬碰之意。"闭"是把敌之来势封死或防手严密，敌人难以攻进之意。

弹：拳棍皆尚弹力，不尚直力，唯棍之阴阳互转乃能使有浪，敌触浪自然被击。

挑、剔：用直力由下直线向

上提起为之挑，用于攻击对方先锋手、阴部、下颚咽喉等要害部位。用斜力由左下角向右上角挑起为之剔。挑棍用直力，剔棍用斜力打上，两者之用法相若，但又不能混而为一，故称"半棍"，而"十四字诀"也称为"十三点半"。

偏、正：即正门与偏门，或称之大门与小门。大门与小门本是枪术之中一个术语，源于古时建筑结构。古时的宅子，院墙有一个正门，叫"大门"；大门两旁有两个偏门叫"小门"，也有一个小门的，一般进出都走小门，有重要亲朋、宾客时则开大门迎送。

八卦棍术防则密不透风，攻则贴进放针。熟练者能在黑灯瞎火中对练，只闻棍击声，不见人棍影。后世前辈以林载华、林载亮、江德春、江春节等人以此棍术扬名于江湖。

知识点滴

在八卦棍中，重要的应用方法是点棍，即刺棍，应用时步步俱要进，时时俱直取，直取即子午刺棍，是为强而有力的攻击，把全身之力，传达棍之巅，人与棍成直线，人在棍后，故人不能破我，棍即无法及我身，若人与棍不成直线，则周身上下皆受敌攻击，有棍等于无棍，攻人攻其不直，受攻在不直，此乃五郎八卦棍中枪棍用法之大略。

长短结合的三节棍术

三节棍属武术棍术中软器械之一。它由3条等长的短棍中间以铁环连接而成，最早叫作"铁链连棒"，又称"三节鞭"。据传由宋太祖赵匡胤所创，故又名"太祖棍""蟠龙棍"，与大棍、齐眉棍、双节棍并称为"棍中四大名器"。

峨眉派武术以三节棍闻名，综合了峨眉武术中赵门和六合门的三节棍，其风格特点：动作勇猛有劲，长短兼用，收放灵活。三节棍进枪是流传于成都、重庆、内江、达县等一带的传统的峨眉武术套路。

三节棍全长等于人直立直臂上举至手指尖的高度，而民间武师的

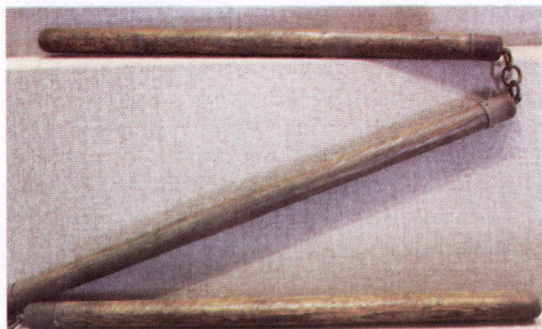

三节棍有"伸开一丈"之说，因而放开使用如同长器械一般，可做远距离击打；折叠则是一短棍，约同臂长，携带十分方便，常作为自卫防身的随身之物。

由于三节棍是三节相连，节节能用。而且三节互换，攻守兼备，可长可短，远近兼顾。棍术有劈、扫、抢、击、戳、绞、格以及各种舞花等，非常丰富。并具有伸缩自如、出入难防、软硬互具、变化多端之特点，深受习武者的喜爱。

三节棍的用法多变依赖于其握法的灵活多样。单手或双手持一梢节，就可用一游离节；两手分持两梢节，则三节皆能使用；单手或双手持中节，两游离节便可同使。可见，不同部位的握法，形成了三节棍丰富多彩的练法和用法。

几种持握的练习，都有其不同的功效和特点：

最常用的是持两梢节、用两梢节和中节法。这种持握法是两手分持两梢节，三节都能运用的方法。手持两梢节如同两短棍似两臂加长，使用时一攻一防相互配合；或左拨右打，或右格左戳；使用中节则以架、压、格、推等防守法为主，上下左右两手同时运行。三节互用，快速敏捷，方法多变。

练棍都要求手臂圆熟，脚手齐动，身随步转，身棍合一，力达棍尖。由于该握法使用安全，易于操作，常与翻腾跳跃、腿法等相结合，是三节棍套路中使用较多的一种持握法。

其次是一手持梢节，另一手持中节，用游离节法。该方法多是左手持梢节作为为配合，右手持中节操作游离梢节。以右手臂发力，上下、左右、前后挥摆，配以身法的拧、转、翻，使游离梢节迅速完成点、劈、砸、扫、抢、绞等方法。

这种握法使用中有时是大臂抡转挥摆，有时是小臂或手腕的转转甩动。由于游离节是通过中节发力，铁环传动，故而方向多变，上下左右转换灵活，用法突然，连贯密集。练习中注重身体、手臂与手腕的协调配合，力贯游离节梢端，并利用好游离节的反弹和回摆，使其方法紧凑和顺，转换自如。

此法在三节棍中所占比例较大，应抓住运用中带有规律性的方法，反复习之熟练。

第三种就是持中节用两梢节法。持中节时多是两手同持，有时也有单手持中节。此法以各种舞花为主，包括提撩花、立舞花、头顶花、背花、胸花、腿花以及地趟花等。

无论双手舞花还是单手舞花，方法皆与棍的舞花相似，但因三节棍硬中带软，故而难度较大。稍有不慎或方法不当则会触击自身。因此，练习三节棍的舞花除要胆大心细外，一定要做到：起花要顺，舞花要正，停花要对，方法合理得当，身械协调，两手配合自如，转换衔接自然。舞起来才能如直棍一般呼呼生风，密集不透，似有水泼不进，豆撒不入之势。

还有一种是持一梢节，用游离中节和梢节法。这是一种放长击远的方法。以单手或双手持一梢节，将游离中节和梢节一齐放出，做远距离击打、抢扫、劈砸。完成该法

必须充分发挥身体的翻转，上臂的挥摆、抡转，使力贯游离梢节。

三节棍的使用方法有劈、抡、摔、打、盖、扫、截等，常见动作有：点棍、劈棍、云棍、拦腰棍。要求演练时棍术、步法、手法、腿法及身法紧密协调配合。三节棍的特点是快速灵活，变幻多端，刚劲有力，招法奇特。

少林三节棍是少林软兵器的一种。棍分3节，折叠则是一短棍，约同臂长，携带十分方便，常作自卫防身的随身之物。

其长短远近，防守兼备，双手变化使敌眼花缭乱，乱中取胜，而自心不乱。正是禅宗不受外界的影响，乱中精神内守，禅入武式。此外大圣劈挂门也有著名的三节棍术套路。

灵动强猛的梢子棍术

梢子棍是武术软器械之一。古时称"连挺""铁链夹棒""盘龙棍"等。因其形状与农家打麦脱粒用的连枷相似，故俗称"连枷棍"。又因是由梢子和棍身连成，又称"梢子棍"。

梢子棍是戚继光战争时代发明的用来打马腿用的，当时的结构是一个齐眉棍在棍梢接上一个小短棍，棍链很短，发展到后来，每根棍棍身大约不足1米，棍链仍然很短。

连枷棍根据形状可分为大连枷和手连枷。两节木棍的长度悬殊。短棍长约0.5米，称为"梢子"。长棍

约长1.5米，称为"棍身"。后来又加演化，梢子和棍身用数米长的铁链连接而成。因棍身较长，故在演练时一般双手执用，属于长兵器。

手连枷俗称"小梢子棍""手梢子棍"，是由大连枷棍缩短而成。其梢子约长33厘米，棍身长约1.5米，用长约15厘米的铁链连接而成。梢子棍携带方便，对于经常出差在外的人可用它挑担包裹，又可作为钩用。此器械比棍的威力更强大，把棍的用处发挥得淋漓尽致。由于梢子头比较短小，灵活性很大，所以击打力也非常强大，往往令对手防不胜防。主要用法有：缠、劈、扫、点、砸、捣、戳等。

连枷棍是一种很古老的兵器，最早在什么时候出现，众说不一，据《墨子·备城门》记载："二步置连梃、长斧、长椎各一物，枪二十枚。"《墨子·备蛾传》记载："当敌人附借云梯、密集如蚁，缘城墙而上时，用火烧之，用连筵击之。"由此可见，连枷棍在春秋战国时代就已经是守城御敌的重要兵器了。

至唐代，杜佑在《通典》中记载："连梃，如打禾连枷状，打女墙外上城敌人。""女墙"，指城墙上的矮墙，即城堞。意思是说当攻城的敌人沿梯攀登到接近城堞时，守军居高临下，用连枷击打敌人。

宋代时，连枷不但仍用于守城御敌，而且成为一种非常重要的马上兵器。北宋时期官修的《武经总要》记载："若登者渐多，则御以狼牙铁拍；手渐攀城，则以连枷棒击之。"这里说明当敌人攀上城堞时，利用连枷利于自上向下击打的特点，打击敌人手、头等部位。

《武经总要》记载："铁链夹棒，本出西戎，马上用之，以敌汉之步兵，其状如农家打麦之连枷，以铁饰之，利用自上击下，故汉兵善用者巧于戎人。"这里说明当时连枷是用铁制成，由西戎人发明创造，戎、汉士兵都曾用它作为兵器，戎人擅长骑马，手持连枷攻打敌人步兵。

宋代官兵看到戎人的兵器优点后，便吸取过来，"铁链夹棒"学习于"西戎"就是一个很好的例子。这说明古代战争及多民族交流对古代武术的发展起到了很重要的促进作用。

马上连枷也有单双之分。手连枷棍可能就是西戎人将马鞭子的皮质鞭梢改为短棒，再用铁链或皮条将鞭杆与短棒连接而制成。这种改制的武器短小轻便，适合骑兵快速、灵活、机动、单手使用的要求，也可作为赶马的"鞭子"。这大概就是后世手梢子棍的原形。关于以铁连枷破敌的著名战例，也有史料记载。宋代《曾巩集》记载：

先是，青已纵蕃落马军二千出敌后。至是，前后合击。贼之标牌军为马军所冲突，皆不能战，军士又从马上以铁连枷击之，遂皆披靡，相枕藉，遂大败。侬智高果焚城遁去。

这段文字记载说明久在西陲的狄青，充分发挥骑兵突击时铁连枷"自上而下"的击打威力，使得以步兵为主的叛军溃败而逃。

连枷棍的形状决定了它的技术风格、应用特点。因其形制特别，故兼长、短、软、硬、双诸器械的特点。大连枷棍的基本技法有抡、劈、戳、甩、砸、拦、摇、挂、缠、拨、圈、摆、扫、云、绞、摔、舞花、撩等。

手连枷演练时一般无舞花动作，其套路一般都短小精悍，演练时勇猛泼辣，左右连环，狂逼暴击，软中带硬，边走边舞，其棍急势厉，气势磅礴。因有铁环相接，故挥舞起来"叮当"作响，较之粗犷勇猛的棍术更要威猛凶悍。

连枷棍的主要动作有雪花盖顶、古树盘根、金鸡过岭、背后插花、野马分鬃、朝天开花、地下十八滚、朝天一炷香、滚塘梢、乌龙摆尾、狮子大张口、白马献蹄、怪蟒翻身等。

主要步法有跃步、跟步、弧形步等。步形主要有马步、半马步、虚步、仆步、跪步、丁步、弓步等。腿法有侧踢、弹腿、撩阴腿等。套路有梅花梢、连环梢、地趟梢、泼风十八打、虎尾梢等。

知识点滴

另有传说连枷棍是宋代赵匡胤所创，随着作战形式的变化和兵器的改进，连枷棍逐渐失去了昔日在战场上的显赫地位，退出了军旅征战的舞台。

在"竞技武术"占主导地位的后世，连枷棍也一直被排斥在外，但作为一种古老的武术器械，仍然在民间流传着。

攻防一体的八极棍术

　　八极门的棍术有两套，一是"行者棒"；二是"把棍头"。行者棒是单练套路，把棍头是对练套路。行者棒来回五趟，把棍头前后三番，有3个相对独立的段落。前两番短，以基本动作为主；第三番长，内容比较丰富。

关于八极棍术的渊源，八极门内有谚语道："康大力的棍，吴钟的枪，短打擒拿数李章，刘三闪的八极天下扬。"那么说来八极棍术应该源自康大力。

但吴钟是一位武学大家，他和康大力、李章、刘三闪3位武林高人结交换艺以后，将四家技艺综合升华，对拳、械有真正意义上的创新。正因为如此，吴钟才被公认为是八极门的开山鼻祖。

八极棍术讲究的是8个字：碰、砸、劁、挑、滚、翻、挤、塞。《罗疃谱》记载：粘、捻、挤、靠、攉、挑、挪、闸。大同小异，比如滚翻即是粘捻，挤塞如同挤靠。其他大约是方言口语和白字的原因而略有出入。

"把棍头"的特点有四：

其一，兼枪带棒。八极棍术不像其他门派抡起来呼呼生风，不论是行者棒、把棍头，还是八极枪，其中横抢都只有一势，虽然不排除用横抢之法，但绝不以横扫为主。余者都是或螺旋而入，或直出直入，或上挑下砸，所谓里占外拿，棍走立圆。

这样的招法比横抢路线近，从而速度快。彼棍迎面而来，防而不及，哪有时间将棒抢起！那怎么对付对方的横

扫呢？首先是近身，一旦靠近，抢棍基本就不起作用了，何况还有抱棍、戳棍等防守方法。

近身以后兼用枪术，以"点"进攻，距离短，速度快，面积小，压强大，防范也就有难度了。程宗猷在《少林棍术阐宗》中写道："谚云：打人千下，不如一劄"，"不能受劄者：咽喉、鼻、心、胁、腹、虎口、膝臁；不能受打劈者：太阳、脑、头、耳、手指。究其用，劄打其手者，使难持棍；劄打其膝臁者，使难出入；劄其心胁者，使难遮拦，大抵上下易遮，而心手难架也。"

其二，贴身挨靠。八极拳讲的是挨傍挤靠、粘连黏随，八极棍术也不例外。对棍时，两人的棍多是黏着走，见缝插针，挤步逼近，马步吃人。

因为是粘黏着走，不像一般的对棍，光听"叮当"响。八极对棍即便响，也因为是插花滚翻的招法，出声也和其他的对棍声音不一样。当然，虽说此棍是走粘连黏随，但也不时断开，攻其不备。

其三，攻防一体。拳谚说"打人毕露空"。所以八极拳对练，一只手进攻的同时另一只手防守。八极棍术理念相同，进攻方进攻时要防好自己的漏洞，防守方守护时见对方破绽同时进攻。单纯防御，总是被动，积极的进攻才能有效地保护自己。

其四，不丢不顶，后发先至。八极劲包含了太极拳的听劲。两人的棍一搭上，就要坚守中道。"丢"了敌方就进来了，而"过"了犹如不及。听劲就是彼不动我不动，彼一动我先动。双手将棍抱定，即是用一根棍护住了全身。

八极先辈在教练棍术时曾说过："不要把棍简单地看成就是一根棍，要把这根棍看成是一堵墙。"就是说，棍虽是一条线，但在接触点这里形成了一个把两人隔开的平面，而且是一个随时能变化方向和角度的平面。

把棍头具体的招式很多，诸如：花子寻门、插花、劈砸、滴水、轧棍、填棍、点棍、跨马棍，砸跪膝、白猿托刀、白马回头、花郎寻梅等。

还有"涮"棍，《罗疃谱》写作"顺"棍，是一种迅速以两手握住棍的一端，将另一端直线或斜线击出，力在彼端的招法。

把棍头演练不仅实用性很强，也具有不错的观赏性。如果两人动作熟练，步法灵活，那种迅速的贴近严丝合缝，敏捷的进退脚下生风，行云流水般的粘黏柔和而巧妙，风驰电掣般的袭击顺达而刚猛的演练，具有一种韵律感，对比其他的棍术自是别有一种风格。

知识点滴

《把棍头》之谱，是八极门棍术对打套路之谱，乃罗疃八极门李家一系有传。其他支系没见有《把棍头》对打套路内容之发表。门内有说，八棍头即是"五虎群羊棍"，八极门"神棍"王忠泉把此棍带到罗疃八极拳师门，王中泉精五虎擒羊棍头。把棍头是棍打一点，两手开握中间，手法阴阳互变，能长能短，该棍术多使用两头，归为短兵器范畴。

刀术

　　我国习刀尚猛的习俗已历千年，古时士卒短兵相接，以用刀者为多。舞起刀来，刀风呼呼，寒光逼人，只闻刀风，不见人影，勇猛威武，雄健有力。这种"猛虎般"的风格，是由刀的构造和练法决定的。

　　自古至今，练习武术的人用刀的最多，而后，也总结了许多刀术套路，形成了许多刀术派别。刀术派别主要有：八卦刀、日月乾坤刀、少林刀术、太极刀、梅花刀、苗家刀等。

迅如猛虎的少林刀术

在古代武林中，少林派历来有"功夫祖庭"之誉，因此，在少林的武术中，刀术也有很多种类。

少林刀术的发扬光大是隋唐之际的一件大事。当时大唐王朝李世

民为统一天下，与郑帝王世充作战，少林武僧应邀相助，以大刀压阵活捉王世充的侄子大将军王仁则，逼降王世充。

李世民即位后，对昙宗、志操、惠赐、善护、普惠、明嵩、灵宪、普胜、智守、道广、智兴、满、丰13人大加赏赐，与此同时少林刀术也开始繁荣发达，吸取众家之长，逐渐成为少林派的主要武功。

根据《少林寺武僧谱》记载，少林刀术在唐代就已经高超无比，如"圆静善马挥刀杀官军，首级遭地血成河"，就反映了圆静和尚的高超刀技。而当时少林寺经常受到山贼侵扰，少林刀术也是寺僧们为了健身自卫，在防盗护院和实际作战中逐渐发展起来的。

宋代，寺僧们开始广泛吸收军家兵器精华，刀术的套路有所增加，如太祖刀、大刀破枪、刀对刀、双刀等都传入了少林寺，被武教头攀遇后普及到众僧。武僧宗印、海舟答也善练刀术，特别是智瑞武尼不仅擅

长弹弓和飞镖，而且也擅长双刀，刀术独好，有"刀王尼"之称。

如少林金刚大刀，就是从军旅远古骑战的战车形式逐渐衍化为步站形式和功法练习的重要内容，大约形成于宋代中晚期，其刀象征其佛门内"护法金刚"的威严气势，摄人心魄。其刀术内容丰富，结构严谨，风格独特，攻防兼备，实用性强。

明代，有月空和尚和小山禅师，曾先后率领武僧帮助朝廷抗击倭寇，少林刀术在多次战斗中屡立战功，不但得到皇帝的嘉奖，而且也使得少林刀术声震天下。

这一时期创立的少林卧龙刀，又被称为"诸艺之胆"。它的主要特点；刀术别致，注重技击，步快手疾，劲整势猛，身械合一。演练起来讲究大劈大砍，跳跃轻灵，翻腾旋转，出奇制胜，同时节奏鲜明，显示了"出刀如猛虎"的雄健彪悍之刀术风格。

少林的刀术主要有春秋大刀、梅花刀、少林单刀、少林双刀、奋勇刀、纵朴刀、雪片刀、提炉大刀、抱月刀、劈山刀、少林一路大刀、二路大刀、六合单刀、座山刀、六路双刀、八路双刀、太祖卧龙刀、马门单刀、燕尾单刀、梅花双发刀、地躺双刀、滚堂刀、单刀长行刀、五虎少林追风刀等。

少林的对练刀术有刀对刀、二合双刀、对劈大刀、单刀进双刀等。少林武僧的竞赛刀包括少林双刀、奋勇刀、纵朴刀、雪片刀、提炉大刀。

刀的使用特点是缠头裹脑、翻转劈扫、撩挂云刺、托架抹挑等，并有"单刀看手、双刀看走、大刀看顶手，劈、撩、斩、刺似猛虎"之说。

如少林梅花刀，是少林寺较早的传统器械之一，梅花刀短小精悍，

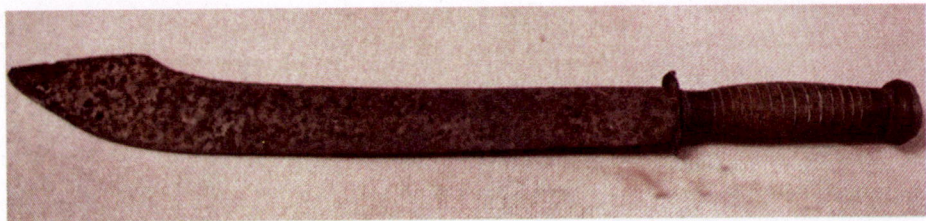

结构严密，刀术多变，动作朴实大力，简单易练。刀术以劈为主，配以缠头裹脑，演练起来，忽左忽右，忽上忽下，似梅花纷飞而名。

《少林梅花刀谱》记载：

少林梅花刀可夸，亮势望月外五花；

甩刀缠头藏刀热；白鹤亮翅撩劈扎；

平分截腰推磨刀；交刀大劈下单叉；

接二连三连步砍，磨盘旋风背刀花；

滚身翻劈分左右，精练实用走天涯。

少林梅花刀共有32个动作，动作名称分别为回头望月、虚步亮势、跳步单叉、二起脚、接刀、裹脑虚步藏刀、左弓步藏刀、扎刀、独立撩刀、左弓步架刀、缠头截刀等。

少林梅花刀的每一刀都是在绝不可能的方位以古怪的姿势砍将出去，然后每一招刀术都从前面的古怪姿势中化将出来，有倒立、横身、伸腿上颈、反手抓耳等种种诡异姿势。三刀收尾幻化成梅花形状，故称"少林梅花刀"。

此外，还有少林翻江十二刀，主要用于挡掉对手箭支或暗器，保护自己及其背后人员不受伤害。翻江十二刀是少林寺一位老方丈独创的传统降魔刀术，只制敌而不杀人。用刀时先使用单刀圈住敌人，此后连使十一刀，共是11种派别的刀术，最后反转刀背，在肩头击上一记致敌昏厥。

少林雁形刀为少林传统刀术，有十二式，出招之时犹如大雁冲天，令对手眼花缭乱，防不胜防。

少林鱼头刀全长1米，形似鱼头样，是历代武士和僧徒练武防身之器。由于样式特殊，刀术中有别于其他大刀的招式，是剑术与刀术的综合运用。

少林追风赶月刀是后世中华武术在历代技击中的常用兵器。追风赶月在迅疾之中，灵活应变，是刀术的完整套路。具有古朴的独特风格。攻防意识强，具有实战的价值。

五虎断门刀是少林八发门的主要器械套路之一，其动作敏捷精灵、刚劲有力、勇猛矫健、神情兼备，是一套难度较大的刀术。这套刀术在运用上结合身形步眼，编排合理，招数清楚，是一套风格独特的传统刀术。

少林双刀刀术别致，不尚花架，注重技击。练时要求步快手疾，身械合一，形神兼备，宛若山林之虎，"尽蹿蹦跳跃之技，穷闪扑腾越之能"。尽显"刀如猛虎"之美誉！

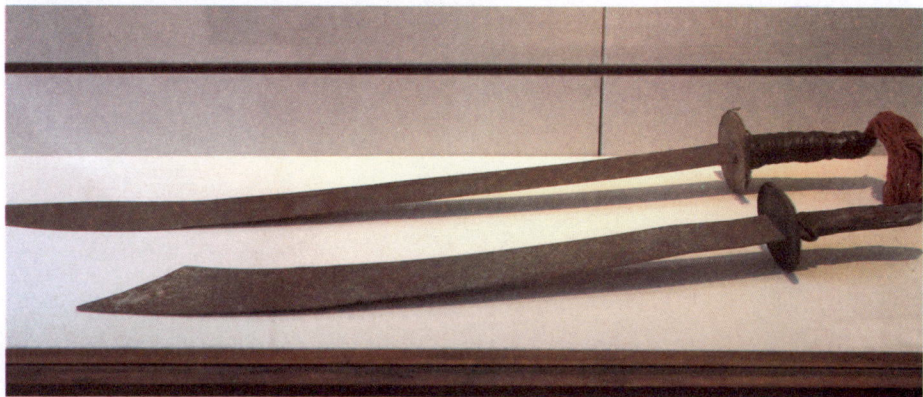

　　南派少林中的南刀王，也是南少林的传统刀术，其刀术沉着，发劲勇猛有力，以声助威，以气发力。步法轻快，转换迅猛，有跳步、跪步、弓步、仆步等，整个套路刚猛迅疾，起伏有序，深得武林中人赞扬。

知识点滴

　　少林单刀可分为很多种，有柳叶刀、双刀、腰带刀、虎头刀、金钱刀等种类。少林单刀属柳叶刀单刀的一种。柳叶单刀在武术器械中深受练武者欢迎，习练人数较多，所以其风格各异，千变万化。

　　均是由劈、挂、扫、撩、砍、刺、缠头裹脑等动作组成，它直接击打对方的头、身、颈、胸等要害部位，由于它的短小精悍，运用起来雷厉风行，使对方防不胜防。

　　其动作多以大劈大砍为主，刀术疯狂，勇猛彪悍，是一套难得的高水平武术套路。

矫若游龙的八卦刀术

　　八卦刀属于八卦门的器械，在八卦门中甚为流行，凡习八卦掌者，多数都会练八卦刀。八卦刀是以刀术的基本刀术为基础，结合八卦掌的特点创编的套路内容。

　　八卦掌是由清代河北文安县人董海川在江南游历时得到道家修炼的启示，结合武术加以整理而成。董海川曾在清代肃王府做拳师，故八卦掌首先在北京一带流传开来。

　　八卦门的器械有子午鸳鸯钺、八卦刀、八卦棍、八卦枪、春秋刀、战身枪、连环剑、连环纯阳剑、连环蟠龙棍、五行棒、昆仑铲等，其步

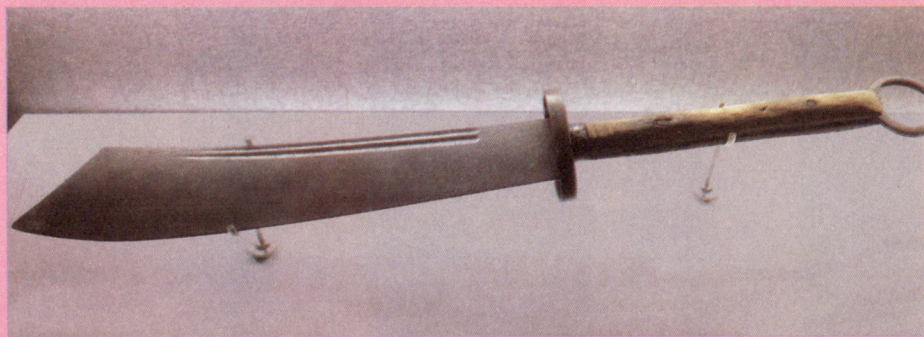

法要求与掌法相同。

八卦系统所有器械，练法仍体现随走随变、械随身走、身随步换、势势相连的特点。另外，鸳鸯钺、鸡爪锐、风火轮、判官笔等都是短小的双器械，这在其他拳种中较为少见。

八卦刀又名"八盘刀"，八卦刀的规格和其他门派的刀规格不同，比一般刀要长、要重一些。演练起来刀长身矮，但见刀走不见人行，随着步法的起落摆扣，身法的左转右旋，变化出劈、扎、撩、砍、抹、带、摊、拉、截等刀术，绵绵不断，滔滔不绝，似游龙，如飞凤，变化万千。

八卦刀的精粹是夜战八方刀术，讲究以腰为轴，以肩催刀，身械协调，刀术随走随变，刀随步活，步随刀转，意牵神连，上下相随，内外合一，劲力饱满，充分体现了八卦门的身法特点。

夜战八方八卦刀在方城流传最为广泛，传承于南方大侠郭子平一脉。郭子平，1891年生，12岁时由其父主持从刘宝珍学艺。两家乃是表亲，拜师自有方便之处。至15岁时，便跟随刘宝珍外出办案，学习江湖之事。

刘宝珍，江湖上人称"飞刀刘"，初习戳脚，后随董海川学八卦，是董海川第三十九名弟子，对八卦刀更得真传，而且精通《奇门遁甲》。

后来，郭子平和师兄弟共8人一同南下，这8人是：郭子平、朱国福、朱国禄、朱国祯、朱国祥、马元基、石润章、石汉章。通过考试，朱国福任南京国术馆教务主任，郭子平任八卦教练。

这期间，孙禄堂、王子平、张占魁、杨氏太极第三代传人杨澄甫诸多名家都在这里担任教练，郭子平在这里结识了杨澄甫，求教太极拳。南方的八卦，主要传人是张占魁、郭子平，南京国术馆为此奠定了基础，并且使八卦刀术经郭子平传授，牛汉文再传韩锡铜，得以保留并完善。"夜战八方刀"刀术歌诀：

四尺二长八卦刀，劈撩挂裹穿为高。
吊推钻刺遮日月，崩挑截拦神难逃。
按折顺抹旋身扫，砍断魂魄也不饶。
多少狂人要真理，苦练一心是正道。

演练八卦刀，与八卦门的子午鸳鸯钺一样，必须有八卦掌的基本

功夫。此刀的基本刀术为叨、推、拉、劈、撩、扎、抹、分、截等。推演变化为叨刀截腕、推刀转环、拉刀平扎、转身截拦、劈刀转进、撩尾转环、扎截削进、护腿剪腕、惊上取下、闪身斩腰等式。

八卦刀的要点是刀法分清，招招不离身体的变化，腕要强，腰要柔，步要轻灵；其闪转全在腰之灵活，其进退全在腿之快速；其撩、扎、拿、劈、剁俱在腕之灵活有力。因此，对腰、腿、腕的练习，是练好此刀的基础。

八卦刀所用虽形似单刀，但体积比普通单刀要大，而且八卦刀术是单手执刀，由于刀身较长，所以有一些独特的刀术，既有长朴刀的优势，又有短单刀的特长，基本风格为人随刀转，不似普通单刀。

八卦刀的套路共有五十四势，包括起势、夜战八方式、进步刺刀、回身推刀、并步劈刀、独立探海式、海底捞月……直至左右挂刀、左插步接刀而完成收势。

知识点滴

由于董海川的各个弟子都是带艺投师的，董海川因材施教，因此形成了八卦门不同风格的流派，各个流派支系既有共性特征，又有突出的个性特色。

主要流派有：尹福所传的尹氏八卦，程廷华所传的程氏八卦，史继栋所传的史氏八卦，樊志涌所传的樊氏八卦，梁振圃所传的梁氏八卦，宋长荣、宋永祥所传的宋氏八卦，刘宝珍所传的刘氏八卦，还有刘凤春秘传的刘氏八卦及张占魁所传的形意八卦等。由于流派不同，所以，在各个小门类中，八卦刀术的特色也略有不同。

刚柔相济的太极刀术

　　太极刀是太极拳运动系列的短器械，其风格特点应以太极拳身法、步法的要求和风范为准。太极刀的技法和动作应连绵不断，刀术清楚，劲力到位，刚柔相济，刀手动作协调配合。

　　太极刀最初的型制是源自西汉时期已广泛使用之环首刀。所谓

"环首刀"，其特征不仅是刀首有环，更重要的是刀之型制，刀身狭长，较一般佩刀超长逾尺，是由长铁剑演进而来。背厚刃薄，重量称手，刀身略俱弧弯，刀柄长三握，可双手挥砍。若单手使用，柄长可减半而下弯，刀身前端三寸，两侧施似剑锋。

在古战场中，环首刀砍杀劈刺，堪称威猛，又可裹身黏格，藏刀滚进；故初曾以单长锋剑名之。

唐代，太极刀又被称"单背剑"，可能变化于当时的双手剑，在外形上没有了大刀那样的宽刀头，形制和倭刀类似。一面刃，护手处是"卍"字形，前护手可锁敌兵器。刀身窄，不可用缠头裹脑式。

之后，河北王介祺创太极十三刀术。王介祺是河北新城人，生于明末清初，隐居易州五公山，人称"五公山人"，武术著作丰富，其中有《十三刀术》一书。书中所论之刀术，顺势借力，尚意不尚力等，均是上乘刀术。

太极刀术常见的有：陈氏太极刀，杨氏太极刀，吴氏太极刀等。

陈氏太极是各派太极的祖源，陈氏太极的创始人陈王廷自幼年时就喜欢拿刀动枪。在18岁时，他将《经史子集》，弄得烂熟于胸；刀、枪、剑、棍等十八般武器，无一不通，无一不精，更兼弓马娴熟。

陈王廷长得面如重枣，长髯飘胸，身穿绿色战袍，经常使用的是一柄青龙偃月刀，又称"春秋大刀"，猛一看，真如三国时期的关云长在世，因此人们送他个外号"二关公"，凭刀术他曾在武场上打败所有对手。

陈氏太极春秋大刀套路名称大都以关羽来命名，如关公提刀上坝桥、白云盖顶称英豪、举刀磨旗怀抱月、上三刀吓杀许褚、下三刀惊退曹操等。

后来，陈氏将春秋大刀演化为步下的短刀类，陈氏太极单刀包括二十二式，名为单刀起势、护心刀、青龙出水、黑虎搜山、苏秦背剑、金鸡独立、怀中抱月等。

之后经过发展演化，还创立了太极双刀，套路共有三十四式，名如全舞花朝阳、雁别金翅、霸王举鼎、罗汉降龙、上步七星等。

杨氏太极刀术由河北省广平府杨露禅得自陈长

兴所传，杨露禅当年在蓟县德胜镖局即携此刀行走，护镖于河北、山东一带，祖孙四代俱以此刀术传家。

当时，由于朝廷的禁例，此刀术并不广传，仅在入室弟子内进行传承。限于法规，通常代用以木刀或戏台刀具演练，所以，难得一睹其真貌，而得其真传者稀少。

杨氏太极刀术之练习套路，有刀诀十三句：

七星跨虎交刀势，腾挪闪展意气扬。

左顾右盼两分张，白鹤展翅五行掌。

风卷荷花叶内藏，玉女穿梭八方势。

三星开合自主张，二起脚来打虎势。

披身斜挂鸳鸯脚，顺水推舟鞭作篙。

下势三合自由招，左右分水龙门跳。

卞和携石凤还巢。

后为便于记忆，依势取义，谱如下：

七星跨虎交刀势：包括起势、上步七星、退步跨虎、抱刀式、开步交刀5个招式。

闪展腾挪意气扬：包括闪步提刀、斜插金枝、怀中抱月、青龙出海、进步推刀、换步推刀。

左顾右盼两分张：包括回身劈和翻身捞月两式。

白鹤展翅五行掌：包括白鹤亮翅、扇通背。

风卷荷花叶内藏：包括风卷荷花、回身指路、单鞭三式。

玉女穿梭八方势：包括斜插金枝、玉女梭、带醉勒马、三步追

风、玉女穿梭、玉女梭、带醉勒马、三步追风8个刀式。

三星开合自主张：包括燕子投怀、三星开合、进步藏刀、玉女穿梭、带醉勒马、三步追风等。

二起脚来打虎势：包括开步交刀、右分脚、左右打虎三式。

披身斜挂鸳鸯脚：包括披身踢脚、交刀劈和挂脚送书。

顺水推舟鞭作篙：包括横鞭作篙和旋风落雁两式。

下势三合自由招：含有左右扫拦和顺水推舟。

左右分水龙门跳：共有左右分水和鲤跃龙门两式。

卞和携石凤还巢：包括移步伏虎、飞凤还巢、退步七星、归原收势。

据说，杨家过去所用太极刀，都是环首的实用刀，特别是杨澄甫，对实用刀进行了改革实验，将护手做成S形或如意形，下部向后弯曲，保护手指，上部向前弯曲，可用大拇指按住护手增大劈砍力度，也可挡住对方刀刃并施以弯折之力。

虽然各传人所记之名式，数目略有差别，刀术上仍以意行气为主，表象为势，所以要慢练才能身知心悟，刚柔相济。吴肇钟《剑则》记载："刀持若握，握以实应；剑持若执，执以转易，故刀剑之不同，有如泾渭。"

孙氏太极雪片刀是孙氏太极创始人孙禄堂留下的器械套路之一。这套刀术形式威猛，沉实迅捷，劈、砍、撩、刺、蹿、扒、翻、身法多变，步伐轻灵，刀路变换难测。

太极刀其势沉雄，似猛虎，以迫扑纵横也；其轻灵徐疾，俯仰八表，辗转蜿蜒也，不以花法眩目。刀术之紧密者，紧则不懈，密则不疏，以急夺迟也。故其不懈则奋进，不疏则严谨，守之自固。

太极刀之眼法不在双目贯注，望刀看掌，或看刀望掌，均易疏漏，而以关顾为至要。太极刀之招法是势势相承，有缠腰转进，而不做缠头裹脑，有闪砍斜刺，而不做力劈华山。

太极刀的步法讲究走步随意，趋步不迫，退步不急，与身法手法，做到周身一家，意连气贯，则近乎道矣。

陈氏、杨氏、武氏、吴氏等各派太极虽然都有太极刀术十三式，但却略有不同。

陈氏刀谱名《单刀歌》，包括青龙出水、风卷残花、白云盖顶等十三式；而武氏由创始人武禹襄外甥李亦畬以书斋名命名为《廉让堂十三刀》，包括按刀、青龙出水、风卷残花、背刀、迎坟鬼迷等式。而吴氏太极刀则与杨氏太极刀完全不同，原因在于吴氏太极刀参融了松溪派太极名家宋书铭的功夫。

刀术中的极品十八拦刀

　　十八拦刀相传为汉代东方侠士的家传，后世经"刀尊腕子王"王三拜同乡张大岐为师习拔步捷形拳，而将此刀术带入滑掌门，后凡入门习练拔步捷形拳法者，均承继此刀术。

　　张大岐，又名张大奇，在《拔步捷形拳谱》另卷记载："宗师张

公大奇，自立滑掌拳门，授门徒王瑞亭，字义林，号王三。我公三爷尽得其法，又以祖上侠士倡传汉季十八拦刀术融汇滑掌门，一拳一刀熟玩进退，得心应手，奥妙无穷，实为神鬼莫测之技矣。王公三爷传之于山海郭氏襄伯兼夫兄弟二师，郭氏二师传之于河间邹廷兰、石门黄庭彦，邹、黄传之于王子庚，此家传密友之技传不多人。"

由此得知，十八拦刀是"腕子王"王瑞亭，即王三的祖上家传。他从师张大奇习练拔步捷形拳后将此刀术带入滑掌门。后拔步捷形拳传人都习练此刀术。祖传，是指王三祖上以笨拙的方法将此刀传承下来。

另在王子庚的《拔步捷形拳谱》中记述："汉季王公传其式，后郭氏以牙文演之成谱。原欲以图式记之，尚烦绘画，未易成帙，且图尤须谱，乃费注解，字数繁多不便，今妄拟三十六字，逐字定名，俾学者易识，不失本来面目。这是郭氏刀谱的由来。

"原刀谱：第一刀起式：童儿捧剑，首字：白猿摘果，力字：探海套月，牙字：右藏刀，文字：进步前劈刀。"

原刀谱不便记忆，也难详其刀术互变之技。这些是郭氏将十八拦刀用字成谱的用意与原由，由此得出，十八拦刀术共有三十六式，王三传授二郭，经二郭将原刀谱以牙文字化，以便记忆习练。

刀谱中又记述："三十六式变幻，其神技然未得师传按谱寻思，终不了亮。谱另录别卷，如第一刀，首、力、牙、文。当时名震一时的武术名家、纯阳道人为此刀谱作序；一十八路鬼神惊，三十六式蛟龙舞。小刀砍破大乾坤，此法不传已千载，雪刃霜锋未全改。"

十八拦刀是古代古短兵器唯一的一套用牙文记述下来的刀术，有极高的研究价值。由记载也可见此刀术的不同寻常，它可称刀术中的极品。

滑掌门师门传承为单传，叩头拜师入门，先习拳法而后刀术，入门有其极严的门规。

后来，滑掌门河间邹兰庭习此刀，被誉为"神刀邹六爷"。杨俊峰是"奉天三老"之一。擅长戳脚、番子拳。后于神刀邹六爷后人钻研滑展拳门，造诣很深。并擅长白猿棒、十八拦刀、昆吾剑等，技艺精湛。其武艺后继者为其子杨景春等。

1929年农历正月十二，位于河北省山海关古城内明代大将徐达家庙太傅庙旁，著名中医张镇坤家第七个孩子降于世间，婴儿是个男

孩，父亲为儿子取名叫张荣时。

张家世代习武，清雍正年间在安徽有"内家张"之称。至19世纪末期祖父张成玉始以行医闻名。张荣时的父亲张镇坤是关内外有名的"小孩张"，二哥张宇时20岁便以"神医圣手"闻名于津、京及关内外。特别是张宇时不但医道高明，"八极拳"也练得出神入化。

山海关历来是游方侠士往来栖脚的要隘，当时山海关南门外是习武、卖艺人活动的中心场所。三四岁的小张荣时经常挤进人群中出神地看着那些精彩表演，幼小的好奇心，逐渐形成了心理定式："我也要学练武功。"但他当时并不具备习武者健康的体魄，体弱多病，身体素质很差。

后来，张荣时高高兴兴地走进了学校大门，然而没几日便染上了一场伤寒病。若不是父亲、二哥他们精通"小儿科"，恐怕就夭折了。为了锻炼身体，增强体质，父亲、二哥开始有意地教给他一些拳术。张荣时的习武生涯就这样开始了。

在二哥张宇时的引见下，7岁的张荣时拜了当地有名的武师吴鹤龄为师，吴鹤龄是当地练少林武术的，拳法套路颇精。吴鹤龄尤善步法、脚法，对增强身体素质很有帮助。由于跟二哥学过"八极拳"，所以跟吴老师学习进步很快。

不久，张荣时又拜父亲的好朋友王辑清为师，王辑清是练"滑掌拳"的，滑掌拳是少林武术的分支。王辑清当时在临榆县政府做职员，他的武功在山海关一带颇有名气。王辑清的父亲王子庚功夫很深，尤其擅长刀术，曾写过一套书，名为《一得集》，是木刻版，详细记述了滑掌拳、"十八拦刀"的技法和套路。

张荣时跟王老师学了"滑掌拳"以后，对十八拦刀有了进一步的体会，更加注意到眼法、手法在武术运动中的作用。

后来，张荣时创立"中华国术团"和"少北武术队"，将十八拦刀发扬光大。

十八拦刀和昆吾剑都是查拳滑掌门中短器械的一种，昆吾剑术行剑路线，旋转连绵，无蹩脚之处。

各定式之间，含上中下三招。其结构紧凑，攻守明显，协调连贯，轻灵多变，内容丰富，劈、点、撩、云刺、抹、压、扫、截、拦，处处寒光闪闪。

知识点滴

刀法中的精粹双手刀

　　双手刀的源头，可一直追溯至兴起于春秋战国时期的双手长剑和汉代的环首大刀。汉代以后，历经魏晋南北朝和隋唐时期，刀剑形制多有变化，但以"长刀"或"长剑"命名的双手刀剑一直是军中重要的装备之一。

唐末五代时，"长刀"曾发展成为一个独立的兵种，"长刀军"往往是由最骁勇的将领统领的军中主力。可以想见，那时，古代双手刀剑技术已臻于精纯，达到历史上的最高点。

宋元两代，双手刀剑还继续存在，如常见于史书中的"斩马刀"，其实就是一种步战的环首长柄双手刀，北宋时期曾大量用于军中。直至明清两代，这种兵器仍被军中所使用。与此同时，早在汉魏时期就已东传日本的我国双手刀剑，却在日本逐步地发展了起来，经过日本武士和剑刀制作工匠们的长时间的精心培植，终于形成异军突起、后来居上之势。

在明代，被称为"倭寇"的日本海盗和武装走私者，曾经对我国沿海各省进行了长时间的侵扰。被称为"倭刀"的双手刀则是海盗们最主要的兵器之一。当时我国不少优秀的军事将领和民间武艺家，通过各种渠道努力研习双手刀术。

戚继光在长达10多年的时间里，在军队中积极推广双手刀术，并且逐步摸索出了一套切实可行的训练教程，这在他的兵学名著《练兵实纪》中有清晰的记载。

在数十年之久的戎马生涯中，在御倭、御鞑和万历壬辰援朝等战中，戚继光训练出来的军队发挥了重大的作用。而且，戚继光又是第一个将这种"以双手执一刀"的刀术定名为"双手刀"或"双手长刀""长倭刀"的人。

民间武艺家群体中，以浙江人刘云峰成就最突出。刘云峰引进的刀术后来被徽州人程冲斗、程子颐叔侄所承袭，二程对之做了某些修正和补益。

程冲斗是明代少林棍术的名家，他将某些"长倭刀"术与棍术相类比，互为发明，从中领悟到不少东西。程子颐则将它融入鞭术等武艺中。

二程出自有着爱国传统的家族，他们曾集合本族子弟80余人以武艺特长主动报效国家。同时，二程还钻研古今战守之道，勤于收集资料著书立说，对平生所学的兵法武艺等做了详尽的记述，其中包括程冲斗撰写的双手刀谱《单刀法选》等。

与刘云峰同时传习双手刀的还有常熟人石电。石电是明代末期杰出的民间武艺家，艺综多门，义勇卓绝，平生以枪术享誉东南，"步战唯长刀最胜"。

石电的弟子昆山吴殳，是明末清初著名的史学家、诗人而兼武艺家，晚年精心研究武术，纵论古今，多有著述。吴殳以得之于渔阳老人的剑术，与双手刀术相融合，重加编定成单刀十八势，写成《单刀图说》一书。

至清代，双手刀仍然受到朝廷的重视，同时也仍然是军中的重要装备之一。清代的八旗军和绿营军都装备有双手刀，雍正皇帝曾经命令西南戍边部队操练双手刀，而著名的回族将领、出身武艺世家的哈元生就是这种刀术的积极推行者。

在清代，双手刀已演变成多种样式。如，出现了便于马步两用的长柄大刀，称为"双手带"或"双手带刀"。"双手带"不但是绿营的重要装备，也是民间武术家和各式各样的人物所乐于执用的兵器。

清代末期民间传存双手刀术主要有两支，一支是河北盐山县的黄林彪先生所传，黄先生得之天津纪氏。纪氏一门世代以武功闻名津门。黄传图谱主要是《单刀法选》，有些刀势和名称，与北方流传的某些双手带刀术相近。

纪氏世代担任清军绿营武艺教习，而黄林彪也曾代李云标出任北京绿营巡捕五营马步枪总教习，故两人熟悉军中双手带法，也将双手刀术与清军双手带加以融合。

黄林彪传弟子张玉山、马凤图，马凤图又传二弟马英图和儿子马广达等。马凤图遵照黄先生遗教，视双手刀术为通备武学的内场精粹，从不轻易示人。

后来，受张之江将军的郑重嘱托，马凤图、马英图将双手刀术改编成为"破锋八刀"，作为西北军环首大刀的教材，以取代原来表演性较多的老刀套路。

双手刀的刀刃有时呈波浪状，容易砍断敌方之长矛，接近大型十字形护手下方，有两支突出的小刀，主要是防止打斗时敌军的刀剑滑落时伤到手。

双手刀术是古典刀术中的一种，是中华武术宝库中的珍品，也是马氏通备武学体系中最精要的内容之一。

知识点滴

稀有奇特的日月乾坤刀

乾坤刀始于唐代，也称"唐刀"。刀身基本是直刃，无弧度，早期的乾坤刀刀刃锻造方面承袭了汉代的"百炼钢"技术，随着技术发展，刀刃开始使用合金等技术打造。

在使用时，由于新手及握力太差的人非常容易打滑脱手斩到自己手指，所以唐代中后期在改造过程中加入了刀格、手绳，这样就形成了独特的日月乾坤刀。

日月乾坤刀既是一种独门兵器，又是一种刀术，日月乾坤刀的长度一般根据演练者的身高而定，可长可短。两头是一尺左右，刀面微弯的月牙钢刀，中间铁杆，两个握柄把手处有一对戟形，半尺左右的弯月锋刃向外的铲刀组合而成，因而也称"护手双头刀"。其两头弧形利刃取象为日，中段一对月牙护手取象为月，"乾坤"象征天地阴阳，故而取名为"日月乾坤刀"。

以上的改进，使得唐代刀比汉代刀有了质的飞跃，不仅从外观上更富观赏性，并且真正提高了实战性能和耐用性，使唐刀可以劈开任何盔甲器械。

日月乾坤刀的突出特点是，它两端皆是利刃，中间的一对戟形月牙护手锋利无比，奇特的构造体现了日月乾坤刀的风格和特点。它具备了武术界中常见的单刀、双刀、朴刀、护手钩、双头枪、齐眉棍、大枪、大刀等常规武器的特点。

习练日月乾坤刀时，双手抓握在护手月牙内，实战时不容易伤及双手，这也是"护手双头刀"的特点之一。根据演练者动作的要求和需要，可分为双阴把、左阴右阳、右阴左阳、单手握把、双手握中间把。

历代祖师对日月乾坤刀术都有极高的要求，演练时要求步履自如，刀术精妙；讲究劈砍拨撩，缠绕刺绞，盖打滚扫，飞弹崩挑，斩扎拦刺，舞花速巧。收招换式缠封扣截，静如春水无波，动如江翻海啸，发招有穿山洞石之情，落步有入地生根之意，展示了日月乾坤刀出之有形、打之无形的特点和风格。

河北省正定县目庄村祖上家传有日月乾坤刀，刀术精妙，只是不随便传于他人，属于曹氏传家之刀术。

曹氏日月乾坤刀动作有"斩、劈、抹、撩、刺、带、挂、错"八字诀。一旦施展起来，犹如蛟龙出水，招招式式风云翻卷，4把银刀搅起波澜，一片寒光闪闪，各种刀术纵横交错，攻防兼备，前后呼应，八面攻击和防守。更加以纵跳腾挪，旋转灵活，繁而不乱，舞起刀花来，更使人有风飘梨花、满身皆刀、无隙可乘的感觉。

功力达到一定深度，在演练时就能随心所欲，起伏转折，蹿蹦跳跃，闪展腾挪，得心应手，非打即防。但是，日月乾坤刀的动作难度很大，上下左右皆是利刃，如果功力达不到，稍有闪失，就要伤及自身，没有几年习武经历和有一定功夫的人，不敢要弄日月乾坤刀。

日月乾坤刀主要技法有：前扎后刺、正反扎刀，左扫右砍、斩劈刀、盖劈刀、上劈下撩刀、里外绞刀、上下截刀、格挂刀、推挫架刀、滚动地躺刀、翻身劈砍刀、舞花独龙刀、旋子横扫刀、单步飞弹刀等。

这些技法结合身法、手法、步法、跳跃构成套路，此刀套路共分10路。总之，日月乾坤刀术的原则是：刀贴身，步要稳，动作到位见精神。只要掌握了刀术的规律性，便可熟能生巧，得心应手。

知识点滴

日月乾坤刀被称为我国十大独门兵器之一，它的攻防搏杀效果特别明显和突出：具有健身和实战价值，它既是武术中的奇兵器，又是艺术领域中的一朵奇花。

日月乾坤刀动作朴实无华，刀术均要做到以气催力，主宰于腰间。其技法变化多端，内容丰富，动作矫健，节奏分明，不丢空隙，结构严密，灵活而富有弹性，不仅有长兵器之优势，而且有短兵械之威力。

剑术

　　剑是古兵器之一，在兵器作战时代占有重要地位，因此前人对于剑的训练方法和使用技能的研究十分重视，可以说是达到了高深精妙的境界。

　　使用剑演化的武术称剑术，是中华武术重要组成部分，在传统武术中有很高的地位。经过历代武林宗师和侠士的发展，剑术多种多样，如青萍剑、三才剑、达摩剑、云龙剑、八卦剑、太极剑等。

实用珍稀的青萍剑术

青萍剑原是一种古剑的名称，据传是鸿钧道人赐予通天教主的佩剑，由二十四品青莲莲叶所化，因此称"青萍剑"。历史上有名的剑主是东汉时期的伏波将军马援。

古人往往为优质宝剑赋以高雅别致之名称，以别于一般剑器。陈琳之的文章中曾说："君侯体高俗之材，秉青萍干将之器。"而陈琳为东汉时期人，足见汉代已有青萍剑之名，而且名声颇不下于干将、莫邪等宝剑。

唐李白《与韩荆州书》记

载："庶青萍、结缘，长价于薛、卞之门。"据传，青萍剑能切金玉断毛发，锋利无比。青萍剑术借此命名，取其剑质精锐，所向披靡之意。

青萍剑也是一套经典、实用的稀有剑术，风格独特。青萍剑术发源于江西龙虎山天师府，为潘元圭道长所创，剑路共分六趟，总计三百六十五招式，并有剑诀及用法，已有近300年历史。

据《青萍剑谱》记载，潘元圭道长将剑术传给山东省沂水县泥古庄孟教华道长，孟教华又传给济南府临邑县冯希汤道长。后冯希汤又将此剑术传给山东无棣人杨鄂林。至此，青萍剑走出道门，流入俗家。

杨鄂林，在清代中期，他首先将青萍剑术传于盐山县大韩村镇贾云鹤。

贾云鹤，生于清代乾隆年间，他拜青萍剑大师杨鄂林为师，苦练3年后，贯通青萍剑六趟、三百六十五招式。

在当时盐山洼大村西，盗匪横行，滋扰乡里，官府也鞭长莫及，乡民习武成风借以保家自卫。贾云鹤为人正派，豪侠仗义，凭一身武艺，不顾个人安危，曾多次深入匪巢，为乡民夺还耕牛、财物，备受当地百

姓的敬重，为名冠一方的剑侠，人称"飞仙剑侠"。

贾云鹤一共授徒两人：一是其弟贾灵泉，一是其表弟刘文石。贾灵泉传子贾丙辉；刘文石授徒马振祥。

贾耀亭，生于1877年，出身武术世家，自幼天资聪敏，记忆力惊人。从小习武，一点即通，练就了一身扎实的基本功，完整继承了贾氏青萍剑术，深得贾氏青萍剑术之奥秘。

后来，贾耀亭受南京中央国术馆馆长张之江邀请赴宁进行剑术观摩表演，赢得全场赞誉，张赠予七星宝剑。他锐意进取，潜心研讨，对贾氏青萍剑的剑理、剑术、剑义，进行总结、提炼和发展，形成了独具风格的"贾氏清萍剑术"。

同时，贾耀亭还整理注释了四川峨眉山玉溪洞秘传本"八卦剑""纯阳剑"，连同"贾氏青萍剑谱"，为武林三瑰宝。他思想解放，见识高远，为强民救国，在家乡创办了"文武学堂"，传播青萍剑术和文化知识。

贾耀亭开门授徒，传人遍及天津、江苏、安徽、河南等地。其徒宁芝光、范镇林、刘青峰等更把青萍剑带到了南京国术馆，为青萍剑的传播和发展作出了巨大的贡献。

马云樵武功卓越、剑术精湛，于清代光绪年间护卫尚书李荫墀督学江南，往返纵横，足迹所履数千余里，据记载"所见者多，所较者广。长者枪棒，短者拳脚，无不可以参互考证，而唯青萍剑术则未有能与为敌者，可谓绝技矣"。

马云樵晚年还乡，把走南闯北一生所获，与师弟贾耀亭切磋砥砺，优选出八式剑术，并对青萍剑术进行深度剖析，将这八式剑术主要插入六趟剑中，至此青萍剑术由原来三百六十五式，发展成后世的六趟三百七十三式，其技术内容更加丰富。

马云樵晚年授徒，沧州杨官庄杨云桥得一百七十五式；齐家务袁希振得二百五十四式。因所传剑艺各不相同，所以风格迥异。

后世沧县一带习青萍剑者多为杨云桥所传。杨云桥性情磊落，"通古今、明阴阳、知风鉴、谙音律，抚琴击剑为终生癖好"。每外

出随两童，一捧琴，一携剑，其对琴剑之风可见一斑。

后来，杨云桥弃文就武，考授武庠生，曾剿贼有功，加守备衔，增武略骑尉。武举戴松桥赠其对联，词曰："琴满熏风调绿绮，剑横秋水耀青萍。"赞其琴剑二艺俱有独到之处。

杨云桥得知师祖杨棣园晚年卧榻染病，家道窘寒，立即耗尽家财，饱载金银，星驰赴鲁，谒师探病，亲侍汤药，终养杨棣园。为此，杨棣园将从未外传的四段青萍剑老四段全部传授给杨云桥。杨云桥方得窥其全貌后，遂将青萍剑除遗泽子侄外，仅传戴竹轩、孙文渤。

戴竹轩，沧州望族，书香名流，军马站人。武备先进，性情直率，慷慨好义，武技超群。加之戴家与杨家有至亲之谊，得杨云桥之倾囊相助，对青萍剑术尤为深奥，曾任教育机关武术教练。其子戴聘清传承其技艺。

孙文渤，生于沧县军马站村。5岁起随父亲、著名武术家孙芝谱习武，1895年，受孙芝谱之命赴杨官庄拜杨云桥为师习练青萍剑术。

又由于孙芝谱的次女、孙文渤之妹嫁给戴竹轩，孙戴两家好上加好，亲上加亲，由于这种特殊的关系，使孙文渤得以多年往返于杨官庄，更得戴家武学，继承了全部青萍剑术，名声大振。

　　孙文渤为人忠厚慷慨，好义济国扶危，所练青萍剑术无出其右者。曾任爱国将领张学良东北边防军总部武术教官，传播剑术技击之道。清代末期皇帝爱新觉罗·溥仪在天津张园寓居期间，也曾闻其名，向其求教青萍剑术。并受爱国将领于学忠之聘，任五十一军武术教官及河北省技术军官教导队主任总教官。

　　刘云渤在大连将青萍剑术传给王庆斋、王秀华、刘玉芳、田炳江等，其著名弟子有沧县孟昭惠、孙之山和天津张宝山、孟祥云、孙忠义，其后各有所传。

　　贾勃生是贾耀亭的嫡孙，自幼秉承家学，书剑俱佳。年逾八旬时全套剑术仍能一气呵成，可见青萍剑造诣之深。

　　《青萍剑谱》古谱保存完好，详细记载了青萍剑的历代传承关系和剑术内容，其中《学剑要诀》《练功八法》《剑批》《剑断》是指导剑术训练和实战应用的理论基础。

　　青萍剑历史资料，保留得翔实丰富，训练体系科学完整。在中华武苑中，传统的各种训练方法、各项技术内容保存得如此完整，实属罕见。确是不可多得的剑术奇葩！

　　青萍剑招多势美。其套路结构严谨，剑术规整、剑路

近捷；变化多、少重势；这是其他剑术所不具备的特点之一。

青萍剑的姿势名称整齐优美，而且寓意深远，大气恢宏。其中，有采用民间传统习惯，像"白鹅亮翅""拨草寻蛇"；有的根据姿势形象命名，像"仙翁扶杖""迎风挥扇"；有的依据哲理而命名，像"否极泰来""至危反泰"；有的来自神话传说，像"鲤跃龙门""商羊舞雨"；也有的出自历史故事，像"十面埋伏""假途灭虢"等，总之，名称包罗万象，极具文化内涵，有着深邃的审美和道德教化影响。

青萍剑术演练时，轻灵转折，迂回巧妙，潇洒飘逸。其动作轻而不浮，沉而不僵；在意念的引导下，强调劲力的内在表现，含而不露。达到神与意合，意与体合，体与剑合；动中求静，气沉丹田，人剑相应。因此，可使人的心绪从浮躁中宁静下来，怡养心神，超然于物外。具有极高的养生和健身价值。

在实战中，青萍剑术虚实相应，攻防交替。着中套着，式内藏式；先发、后发齐用，正出、奇胜并举。先发制人时，"敌未动我先动，先声夺人，敌随动我变机，乘其仓皇失措之际，攻击其虚"。

后发制人时，"沉着待敌，彼不动我不动，彼初动我先至，于对方初动之时伺机制敌"。有时先立于不败之地，以正道制敌；有时入穴擒虎子，于万险之中出奇制胜。

青萍剑术柔和、儒雅，舒展大方，适于健身，又雷厉风行、招不虚发，长于战阵，堪称武林瑰宝。当时的南京国术馆，就曾以该剑术第一趟为学员必修课。

青萍剑术风格独特，高雅别致，以轻灵矫捷，洒脱飘逸著称。演练起来似进犹退，轻灵转折，变化无常，时而行云流水，舒展大方，忽东忽西，乍沉乍浮，犹如青萍浮动。时而风起云涌，雷厉风行，痴如闪电矫如飞凤。其套路招式内容充实，结构严谨，刚柔相济，虚实相参，攻中寓防，防中寓攻，阴阳起伏，神出鬼没，是优秀的传统名剑，也是武术中套路最长、招式精奇、注重实战、突出搏击的一部剑术。

知识点滴

威震江湖的武当剑术

武当剑术是武当拳械中极具代表性的剑术，也是我国优秀传统器械武功。武林中历来传说"南尊武当，北崇少林"，武当、少林是中华武术的两大门宗，而威震江湖的武当剑、少林棍则是武当、少林南北功夫的代表。

武当剑术乃祖师洞玄真人张三丰受真武大帝之大法。相传宋代"徽宗诏之，因北方多匪道路不能行进，祖师以剑飞击之，群盗尽被歼灭"。

故此武当剑术扬名于天下，荣获"天下第一剑"之美称，成为道教圣地武当山镇山剑术。

武当剑讲究太极腰、八卦步、形意劲、武当神。曾有赞武当剑诗写道：

> 翻天兮惊飞鸟，
> 滚地兮不沾尘，
> 一击之间，
> 恍若轻风不见剑，
> 万变之中，
> 但见剑光不见人。

故武当剑"剑无成术"，因敌变幻、虚实互用，端倪莫测。

数百年来，因为武当剑术玄秘，受道教"道不乱讲，技不乱传"原则之影响，仅限嫡传单授，直至丹派武当剑时，仅嫡传至第十二代。

武当剑为轻兵器之类，其法以钩、挂、点、挑、刺、撩、劈为主，练习时要求剑随身走，以身带剑，应用时要做到剑与身合，身与气合，气与神合。

武当派剑术种类甚多，主要以太极剑、太乙玄门剑、九宫八卦剑、八仙剑、玄功剑、龙华剑等为主。基本技术称为"武当剑术十三势"。

武当太极剑以柔克刚、以静制动、后发先制、四两拨千斤的武术特点，并有练精化气、练气化神、练神还虚、还虚合道的道教气功功法，又有强身健体、防身自卫、发人体能、延年益寿的特点，是集武术与养身为一体的剑术。

　　武当太极剑要求心灵顶劲，含胸拔背，沉肩坠肘，动作舒展；要求内含其气，外含其形，动静结合，神气相含，其动作特点行如流水连绵不断，不动则不动，一动全身动的风格。

　　太乙玄门剑是武当太乙门剑术，其剑术特点是快慢相兼，刚柔相含，练习时要求剑随身走，以身带剑，神形之中要做到形与意合，意与气合，气与神合。六合之中亦需要手、眼、身、法、步神形俱妙。

　　太乙玄门剑术，行如蛟龙出水，静若灵猫捕鼠，运动之中，手分阴阳，身藏八卦，步踏九宫，内合其气，外合其形，是武当剑中的佼佼者，自古为武当山的镇山之宝，秘传之法。

　　九宫八卦剑阵最能表现武当剑术威力的剑阵。由9个精通连环夺命剑术的人，按照九宫八卦方位而布成。自从明末武当派的黄叶道人创此剑阵之后，百余年只用了3次。武当派的连环剑术本以迅捷绵秘见长，若是几个精通连环夺命剑术的人同使，那就简直没有半点空隙，连苍蝇也难以飞过。

　　武当八仙剑取材于传说中的"八仙过海"，以铁拐李、吕洞宾、张果老等的动作姿态，不同生性特征和举止神态，结合武当武术特点，寓剑术于其形，藏武技于其姿，将剑术的"击、刺、削、点、挪、抹、云、挑……"诸种用法，以"八仙"的不同姿态淋漓尽致地表现出来，使剑术与神形紧密结合。

武当八仙剑术共八十一式，以醉剑术最为突出，身醉步不醉，步醉心不醉，心醉神不醉，动作朴实自然，风韵形神兼备，形似八仙神态，劲力刚柔相济，势如游龙戏珠，运用变化多端，而且具有鲜明的传统特色。

武当派纯阳剑术又名"八步纯阳龙吟剑"，是武当山秘传剑术之一。纯阳剑剑术演练时以"风吹荷花，带劈刺杀"为练剑要点，贯穿崩、撩、点、挂、穿、扫、截、抽、格、洗、架、压等剑击之道。素有"武当一黄庭，纯阳三分技"的说法，其中的纯阳三技指的是纯阳功、纯阳拳、纯阳剑。

武当松溪白虹剑传承历史悠久，研习流传甚广。清代末期天津顺兴镖局镖师将此剑传到四川顺天府，及青海、兰州天水之北，流传中又有许多新的发展。

武当七星剑术由天象北斗七星演化而来，是一门极为霸道的剑术。此剑术分为七式，故名"七星剑术"。七剑之间没有顺序可言，也无强弱之分，互相配合，可产生几倍的效果。每练一剑，人的性格发生变化，炼成七剑，将成为绝世强者，所向无敌。

"武当七星剑阵"是武当派镇山之宝，主要用于古代军事布阵。

数百年来，武术界往往只闻其名而多未见其实。据史书记载，七星剑阵就是从北斗七星天枢、天璇、天玑、天权、玉衡、开阳、摇光为象位，结合了道家的阴阳、五行、八卦的生克互化原理，可摆出4个基本阵形。

每个阵形又可以再次分解为若干个阵形，演绎过程中千变万化，具有很强的攻击和防守能力。

从"武当七星剑阵"上半部分的剑阵图上可以看到，剑阵图里有天罡八卦天枢阵、两仪分象天玑阵、斗载五行天璇阵、七星六合天权阵等阵形。斗载五行天璇阵里有流星坠空、天地运斗、三花聚顶等阵形。最复杂的阵形是八卦阵，里面参与演练的人呈扇形分布，共需108人参与。

武当剑术十三势指"武当剑仙"李景林所传下的武当剑的13个基本剑式。李景林生于1885年，字芳宸，河北枣强人，出身武术世家，幼承父艺，从学技击。天资颖悟，性格豪爽，自幼习燕青门、二郎门拳械，又学太极拳、八卦拳，尤精剑术，不仅舞练传神，且善击刺，被武术界誉为"神剑手"。又从学于杨氏太极大师杨健侯，得太极拳之精义，并于塞外得皖北异人陈世钧授以剑术。

李景林后来又辗转获江南大侠甘凤池墓藏之《剑谱》，精研之；

又得其"飞虹横江"之剑招，因而称雄于世，被誉为"武当剑仙"。

清代末年，李景林毕业于保定讲武堂。后留学日本，入日本士官学校攻读。回国后，曾任清禁卫军下级军官，师承武当宗师宋唯一，从此武当剑术炉火纯青。并成为中央国术馆的创始人之一，也是山东国术馆的创始人。

武当剑术十三势包括抽、带、提、格、击、刺，点、崩、搅、压、劈、截、洗。黄元秀《武当剑法大要》释：

"抽"分上抽、下抽两法。其式均系持剑手手心向下，手背向上，剑尖向前方。对准敌腕之上或下部，往右抽拉；"带"分直带、平带两法。直带是持剑手手心向内，剑随身后仰，顺势向后带回。平带是持剑手手心向上，手背向下，剑尖向左平拉。

"提"分前提、后提两法。其式均系持剑手内旋成手心向外，剑尖斜向前下方，手腕上提。提时重心前移或进步者为前提；重心后移或撤步者为后提；"格"分下格、翻格两法。下格是持剑手手心向内，剑由斜下向上斜格敌腕。翻格是敌近身时闪开其锋，持剑手由手心向内内旋成手心向外，使剑由下向敌腕翻格。

"击"分正击、反击两法。正击是持剑手手心向上，剑身平行于地面向前刺击。反击是指剑尖着力点偏重外侧的击；"刺"分侧刺、平刺两法。侧刺是持剑手手心向内，剑面竖直向前直刺。平刺是持剑手手心向上，剑面扁平向前直刺。

"点"，持剑手手心向内，剑面竖直，身臂不动，以腕力使剑尖由上向下点击敌腕；"崩"分正崩、反崩二法。正崩是持剑手手心向内，身臂不动，以腕力使剑尖由下向上直挑敌腕。反崩是持剑手内旋成手心向外，身臂不动，以腕力使剑尖由下向上直挑敌腕；"劈"，持剑手手心向内，剑由上向前下直劈。

"截"分平截、左截、右截、反截4种。持剑手手心向内，以剑前部向前截敌腕为平截；向右闪身，剑向左方截敌腕为左截；反之为右截；持剑手内旋成手心向外，剑由下向上截敌魄为反截；"搅"，分横搅、直搅两法。绞式均以剑尖绕腕划圈，自己之手腕要避开对方剑尖绕行。侧绞为横搅，前绞为直搅；"压"，持剑手手心向下，使剑身直向下压敌剑；"洗"，持剑手外旋成手心向外，剑面竖直由下向

上撩击。

三才剑也属于武当内家剑，由李景林创编，三才，即天才、地才、人才，该剑理论深邃，融合了道家的阴阳学说和天人合一的理念。

三才剑是一种融合少林剑与太极剑某些特点于一身的剑术，套路流传于民间，观赏性和技击性都很强。三才剑比太极剑快，但比少林剑慢，刚柔相济，需要舞剑者双手交替舞剑，剑花让人眼花缭乱，舞剑者闪展腾挪，身形快而不乱，剑术凌厉而舒展，透出一种寒气逼人的美。

由于三才剑术吸纳了以刚见长的外家剑少林剑术的特点，掌握精髓后，习剑者不但有剑时可以攻防，无剑时拳剑相通，也可以达到健体防身的目的。

知识点滴

武当派是以道入武，剑在道教中有着重要的地位，在道教的法事活动中，剑是降妖伏魔的神物，在道教的传承意识上，"剑"又代表着"法"。剑代表着正气，代表着决心。

年轻道人外出云游、师父会送他一把宝剑告诫他要谨记道教的风范，不受一切拖累，若遇俗世牵挂，应当机立断斩断尘缘，后来，剑成了道人外出云游的必佩之物。

剑在道教中有着悠久的历史，唐代时，有道教八仙之一、北五祖之一的吕洞宾被称为"剑仙"。这些都是武当武术偏爱于剑的渊源。

剑如飞凤的少林剑术

金元时期，少林寺有一位觉远上人，他本来是严州一世家子弟，性情豪迈，精通技击和剑术，后来出家嵩山少林寺，拜恒温禅师门下，赐法名觉远。在寺中他学会了罗汉十八手，朝夕演练，逐渐增益，将罗汉十八手推演为七十二手，并且大大发展了少林派剑术。被尊为少林拳术"中兴之祖"。

剑是少林武僧最常使用的兵器之一，也是少林十八般兵器中非常有代表性的一种。明代文翔凤在游少林寺时，看到60名武僧练武，当时不仅有拳术，而且有令他叹为观止的剑术。

　　另一位名人公鼎在少林寺观武后也看到的是"复有戈剑光陆离"的场面。这就是明代少林武僧练剑的写照，也证明少林剑术明代时已经成熟。

　　明代少林派抗倭英雄小山和尚13岁时最先在开元寺出家，后来，他跟着师父应白禅师在少林寺学禅11年，熟颂佛经，精通佛学，并且练了一手高超的剑术。嘉靖皇帝听说他德高望重，禅武皆精，就御封小山和尚为少林寺第二十四代方丈大和尚。

　　清代，少林十虎中的李锦伦更以剑术名震武林。少林剑术的基本技法与其他门派剑术基本相似。其不同之点有：一是走向，路线自始至终都在一条线上运动；二是效法，是按照实战需要设计编排的。

　　少林剑术的技法分3个方面：

　　一是步形。其常见的步形有弓步、歇步、插步、虚步、丁字步、四六步、并步、仆步等，上述步的运动方式有上步、移步、挪步、跳步、赔步、倚步、跃步和腾空等；二是剑技。其常见技法是刺、挑、劈、抹、挽、撩、斩、点等法；三是剑指。是指不担剑的另一只手的手形，即中、食二指并拢伸直，无名指、小指内屈，拇指第一节扣压在无名指第一节与第二节之间。

其次，如足法、身法、眼法都必须与剑技密切配合。如转身、仰身、俯身、地趟等身法，提膝、弹腿、飞脚、泼脚、蹬脚、勾脚等足法，盯、瞪、暴、眯、限、波等眼法，都必须与步法、剑技相协调。

加之少林寺剑术走向路线之特点，上下合一，左右合一，内外合一，快慢合一，心意合一，劲气合一，阴阳合一，智技合一，方能姿矫技捷，达到健身防卫之目的。少林剑歌诀中写道：

少林剑术别有奇，刺劈一线始终一。
技亦泥于少林举，手足身眼步法依。
八台为一宗归心，阴阳常转技兼智。
招招势势出实战，功成的口玄妙理。

少林剑术总诀中又写道：

剑是青龙剑，走剑要平善，
气要随剑行，两眼顾剑尖，
气沉两足稳，身法须自然，
剑行如飞燕，剑落如停风，
剑收如花絮，剑刺如钢钉。

少林剑的代表套路有：达摩剑、乾坤剑、连环剑、太乙剑、二堂剑、五堂剑、龙形剑、飞龙剑、白猿剑、绨袍剑、刘玄德双剑、青锋剑、行龙剑、武林双剑等。

少林对练剑术有二堂剑、五堂剑对刺、少林剑对刺等。

少林达摩剑是最基本也最著名的剑术，招式有童子拜佛、达摩面壁、回头望月、怀中抱月、仙人指路、弓步劈剑、震脚刺剑、古树盘根等四十六式。少林达摩剑超越理智思维的速度，在技击中变招莫测。劈，刺，反复运使，快速反应，攻防变化在奥妙之中，神气贯通剑锋，心怀除恶扬善之举，自然心定神宁，无杂念生，一切皆空，禅入剑式，侠骨禅心，必胜无疑乃击剑之禅法。

少林乾坤剑，包括亮势、接剑、下劈、前刺剑、截腕、挑隔剑、斜劈剑、指星剑、拦腰剑、撩剑、提膝架剑、提膝斜劈等。

少林梅花剑，招式名称有怀中抱月、仙人指路、金鸡独立、跳步上挑、左右撩剑、古树盘根等。

少林九宫剑，套路招式有并步上指、虚步亮指、提膝横剑亮袍、弓步崩指、歇步抢剑、弓步前指、前踢脚、盖跳步、马步抢剑等。

少林八仙剑，包括老僧掉尘、仙人指路、转身云剑、火神分金、撤步小魁星、转身云剑、撤步大魁星、金鸡啄食、饿虎扑食、起身平剑等。

知识点滴

少林剑术，特点大开大合，快速刚猛，招法凌厉，刚中寓柔，剑术有刺、挑、削、点、云、撩、横、抹、沾、带、抽、扫、裹、崩、截、压、缠、劈等。

配合灵活的身法步法，演练起来如行云流水，龙飞凤舞，暗藏杀机，招招连环。

精巧多变的八卦剑术

八卦掌源于清代，咸丰年间由董海川所创，是明清之际传统武术发展到鼎盛时期的产物，是千百年来历代先贤们的创造智慧和心血的结晶。

八卦剑又称"游身八卦连环剑"，是八卦掌一门常用的器械套路。比一般用剑略重，剑柄较长，有时可双手持剑练习。

练习八卦剑术需要有一定的八卦掌基础，强调用意不用力，以意行气，以气运身，以心运剑，剑随身行，步随剑

动，人剑合一。

身法、步法、心法同练掌一样，故有八卦门的器械练习是八卦掌手臂延长之说。练习起来如行云流水，时而飞流直下，时而若云缓行，时而电闪雷鸣，时而清风拂柳。身行如游龙，剑走似飞凤。快而不乱，静而不滞，柔而不软，决满天地之间。

董海川原本隐于王宫，后露出武功之后，传人众多，据记载有69人，著名的有尹福、程廷华、马维祺、史计栋、宋长荣、宋永祥、魏吉祥、樊志涌、谷步云、刘宝真、梁振蒲、刘凤春、司元功等。

这些弟子都继承了董海川的掌法和八卦剑术，并依据各自的理解和特点而各有发展。

孙禄堂在《八卦剑学》自序中说：

八卦剑术，传者佚其姓名，自董海川太夫子来京始辗转相传，而八卦剑之名遂著予亲灸程廷华夫子之门庭，华师固受业董太夫子者也。窃本得之廷华师者，因有此编之作，请得而申其义焉。

　　按八卦始于太极，由是而生两仪生四象生八卦，其本体则一太极也。吾人各有一太极之体……所谓散则万殊，合则一本也。自其用言之曰八卦剑，自其体言之实即太极剑也。

　　学者明吾身在太极之中，循吾书而求之，自然领会。复次第作图以明之，以示途径，举一反三，是在善悟者，至于神而明之则又存乎其人矣。

由此时起，八卦剑成为一种独立的精深的武学体系，八卦剑也成为八卦掌门派最主要的器械之一，具有与掌法同样的强身健体作用。

八卦剑其道实出于八卦拳术之中，习者均以八卦拳为主，剑术中各招式、身法、步法均与掌法相同，号称"龙形游天下"。其实各派剑术都是以拳术为基础，在拳谚中曾说："精拳者未必皆通剑术，善剑术者

未有不精拳术。"

八卦剑主要有挑、托、抹、挂、扁、搜、闭、扫、顺、截等10余种技法。

挑者，手老阳着，如青龙返首式往前去挑敌人之手腕或胳膊皆可谓之挑；托者，手老阳着，如白猿托桃式，往前去托敌人之手腕或胳膊俱是谓之托。挑时多在敌人剑里，托时多在敌人剑外；抹者，将敌人之手腕或胳膊，用剑挑住或托住后，身形与剑或左或右走去，谓之抹。

挂者，敌人之剑已及己腕或砍己身右边时，用剑迎在敌剑上边，曲回胳膊，缩回身体，与剑一气往回带敌之剑，随带随出，看势击敌，是之谓挂；扁者，敌人用手托住左臂，或剑将及左臂时，即将左胳膊往右胳膊下伸去，用剑往左肩前砍去，是谓之扁。

搜者，敌人之剑砍我上或我下，我之剑意在敌先，望敌手腕或左或右似削物然，速去速回，倏忽若电，是之谓搜；闭者，敌人之剑将出而未出之时，即速用剑堵敌手，不令出剑，此之谓闭；扫者，上下扫也，敌腕被我用剑挑住，彼欲变法，我速用剑缠绕彼腕，令彼欲变不得，是谓之上扫，敌剑砍我里腕或外腕时即速缩身下式，或左或右用剑往着敌之腿，如扫地一般砍去，谓之下扫。

顺者，敌剑往我击来，我顺彼势随之引出，或敌剑将要抽回，我顺彼势随之送入，皆谓之顺，用此字不可强硬，进退均以意为之；截者，敌剑击来，我速用剑挡敌腕或剑，令彼不能得势，无分上、中、下三路，均谓之截。

八卦剑之道，有正剑，有变剑。正剑即体剑，即八纲剑。变剑者，自八纲剑互相联合，错综变化而生无穷之形式。

例如乾卦剑中白猿托桃一式，身形不动是此式，身形高矮不同仍是此式，走转一步是此式，走转无数步也是此式，"故剑变身不变者有之，身变剑不变者有之，手与剑不变而足变者固谓之变，身剑手足皆不变，唯眼神所注上下左右有所移换，则也变也。其变化之至微妙者，外形完全不变而内中之意变，亦不可不谓之变也。"

八卦剑一身之变化，与天地生物不测之意正同，则其式宁可数计，欲达其变，则"见仁见智，识大识小，亦各存乎其人，久久精练，道理自得，充于中，形于外，从心所欲，罔或逾矩，静则存动，变则变，而至于化，化而通于神。"

孙禄堂的《八卦剑学》，是八卦门中练习剑术遵循的重要典籍，包括左右手纳卦诀、练剑要法八字、八卦剑左右旋转与往左右穿剑穿手之分别、无极剑学、太极剑学、乾卦剑学、坤卦剑学、坎卦剑学、离卦剑学、震卦剑学、艮卦剑学、巽卦剑学、兑卦剑学、八卦剑应用要法十字、八卦变剑要言等15章几十个小节，形成了丰富博大的八卦剑体系。

知识点滴

双手剑的代表螳螂剑

　　螳螂剑，也称"双手剑"或"螳螂双剑"，是螳螂门中优秀的器械套路，也是发源于山东半岛的一种独特兵器。螳螂剑术以刺、点、崩、格、劈、撩、拦、绞、截、斩为主。

　　螳螂剑是一种与众不同的独特剑术，也是由于兵器的形制特殊：剑身和剑柄极长，用双手握持。动作古朴，剑术迥异，发力苍劲而浑厚，令人耳目一新。

双手剑因需要巨大的空间来挥动，又需要两只手握，因此得名。它的出现晚于单手剑，随着冶金技术的发展以及战术的需要，双手剑出现了多种变体。

唐代时也盛行双手剑，长可及胸，剑身、剑把均较一般剑长，在演练时以双手握剑为主。其动作短中见长，刚中寓柔、快速勇猛、气势浑厚；讲究技法；不仅剑术要运用多变，而且在速度和身形中还得显露出棍术和螳螂拳的象形取意，重在取意。

诗人杜甫曾留下了赞美唐代双手剑技的诗篇："来如雷霆收震怒，罢如江海凝霄光。"可见双手剑的气势之壮和艺术之美。

至宋代，双手剑术曾一度失传。明代时茅元仪试图借鉴朝鲜双手剑来复原我国双手剑，但没有成功。茅元仪在他的旷代巨著《武备志》中，收进了一部"双手剑谱"，这是唯一一部古双手剑谱。

茅元仪在剑谱的序言中写道：

古之剑可施于战斗，故唐太宗有剑士千人，今其法不传。断简残编中有诀歌，不详其说。近有好事者得之朝鲜，其势法具备。固知中国失而求之四裔，不独西方之等韵，日本之《尚书》也。

另外，相传朝鲜双手剑是戚家军（第二代）入朝抗倭所传，另俞

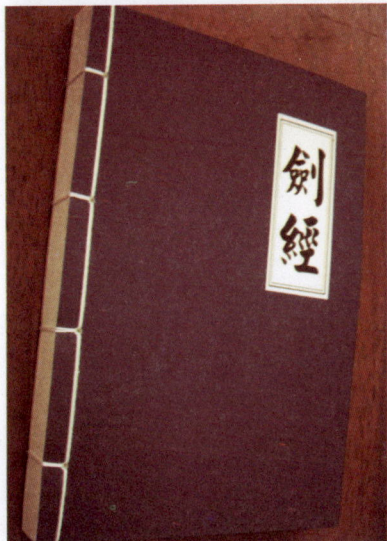

大猷《剑经》，寓荆楚长剑于棍术，也是双手剑术。

烟台市的莱阳、海阳两地是优秀传统拳种螳螂拳的发源地，自明末清初王朗祖师创编螳螂拳后，经几代名师继承和发展，形成"梅花、太极、七星、六合、光板"等螳螂拳门派。万变不离其宗，故有："螳螂本是王朗传，天下螳螂本一家"之说。各门派在国内外享有极高的声望，螳螂门第誉满天下。

清代末期烟台八大拳房之一的"郝家拳房"是郝家门第一代宗师郝宏创办的。郝宏随祖师梁学香先生学习梅花螳螂拳，后称"梅花太极螳螂拳"或"太极梅花螳螂拳"，郝宏传授给其五子，人称"郝家五虎"。

郝莲茹谢世后，其二子郝恒禄和四子郝恒信将郝家拳房由原牟平县初家镇庙后村搬迁到烟台市长发祥皮铺后儒林街牛肉胡同6号。

郝恒信拳师毕生均在烟台郝家拳房授拳，其绰号"郝四彪子"，郝恒禄拳师绰号"郝二老道"，曾任蓬莱县国术馆长，他还曾在哈尔滨设馆授拳。

郝恒禄技艺精湛，功法深厚，善交武友，文武双全，是郝家太极梅花螳螂拳的代表人物。他以螳螂拳的特点风格、吸取名家剑术之精

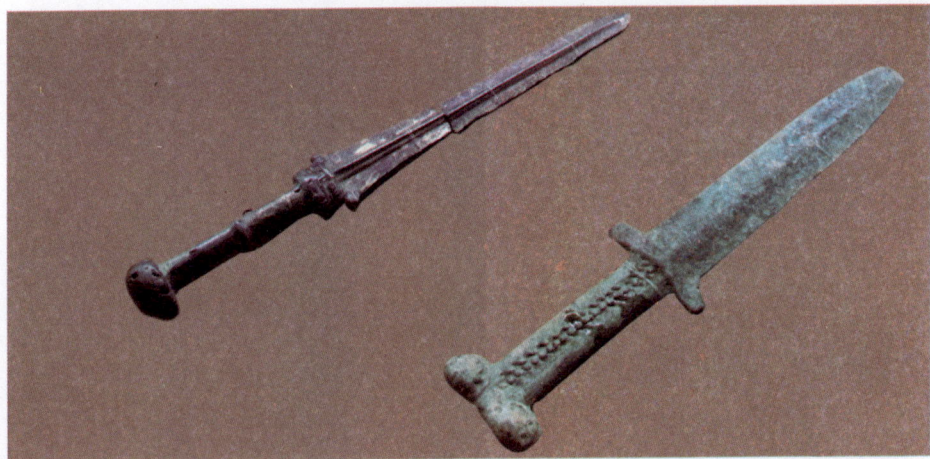

华，创编出螳螂"达摩剑"。

郝恒禄之子郝斌，后世流传的螳螂门"双手剑"就是从郝斌所传的螳螂"达摩剑"中演变创编的。

螳螂双手剑共39个动作，其中很多动作均为双手握剑完成动作技法，动作名称中：老僧洒尘、犀牛展背、老僧登殿、顺风扫叶、仙人挑衣、平观四众、老僧阅经、浮云摩顶、鸽子翻身等动作与剑术形象结合，恰如其分。

螳螂剑风格独特，出神入化，一招一式确为技击格斗而为。其主要特点是以腰带剑、力达剑锋，以气驭剑、刚柔相济，朴实无华、灵活多变，纯正严谨、技法精妙。可谓是剑术之极品。

螳螂"达摩剑"的教学有严格要求：

一、学"达摩剑"前必先学练"剑十二字诀"的基本功法，剑基本功法学不精者，不能练"达摩剑"。

二、严格选拔学生，以其学习年限、武德、身法、气质、功底为首要条件。学后没有老师的授意，不准随意外传。

三、学后必将动作分解，由两人用竹剑每招每式分解对练。后再进行两人格斗实战。

四、对剑的要求是：无剑穗，剑身长，剑把长，有剑台，剑量重，剑把前端设一小孔等。

五、练习"达摩剑"要求：人剑合一、手剑合一、法剑合一、气剑合一、神剑合一、力剑合一。"手、眼、身、法、步、精、神、气、功"紧密配合。

螳螂剑的经典剑术有：螳螂抖翎、螳螂捕蝉、回马剑、杀首剑，步形多以跟步、跪步、半马步、双弓步为主。是螳螂门派中最具代表性的兵器之一。

螳螂剑具有独特的剑术风格，突出体现在招招相连、一环套一环、势势相扣、结构严谨、勇猛异常。剑术以技击为主，要求身步协调。身剑混合一体，以刚为主，刚柔相济，这些突出地体现了少林螳螂剑的特点。

螳螂剑术广泛流传于山东的烟台、青岛；辽宁的沈阳、大连；以及四川成都和重庆等地。

知识点滴

螳螂双手剑是剑术中的一枝奇葩，因双手握剑而得其名，该套路中汇集了剑、棍、螳螂拳等技法精华，既有剑术的各种技法，又融入了棍术之刚劲威猛，既狠又准，快速、密集、灵活的磅礴之势，在步形和身法上以眼快、手快、步快、身快、式快，以及那一招变三招、长短兼用、气势逼人、变化莫测的动作形成了别致的风格。

轻灵如猿的峨眉剑术

峨眉山为道教布道名山，比佛教到峨眉山约早1300年。史书《山海经·西山经》《五符经》《魏书·释老志》《汉书·地理志》《吴越春秋·勾践阴谋列传第九》《天尊老君名号历劫经略》《峨眉山志》《明·峨眉道人拳歌》等书均有详细记载。

自公元前370年前后，峨眉山隐士和后来的道家信徒合成，正式在峨眉山形成第一大流派"道家经学学派"，其方术和神仙思想也形成核心地位。

峨眉山自古多猿猴，据《搜神记》记载：蜀中西南高山之上，有物与猴相类，长七尺，能做人行，善走逐人，名成"猴国"，也称"马化"和"攫猿"。

据乐山、峨眉山地方志记载，先秦时期的司徒玄空，耕食于峨眉山中。他模拟猿猴动作，在狩猎术基础上创编了一套攻守灵活的"峨眉通臂拳"和"猿公剑术"。

峨眉武术中，十八般兵器样样都有：刀、枪、剑、戟、斧、钺、钩、叉、鞭、锏、锤、抓、锐、棍、槊、棒、拐、流星锤，其中以剑术和枪术最为著名。

峨眉剑的成型，是峨眉僧人在"白猿剑二十四法"的基础上发展起来的。它除了具有一般剑术轻松潇洒，优美大方的特点外，还特别注意实践，着眼于点、劈、刺、撩的发劲，动作严谨，衔接巧妙，招式凶猛，方法独特。其特点在于：击法明快，剑术多变，以快为上，以巧取胜。

峨眉剑是武术中优秀技击剑种，实用性极强，武理深奥，功法精邃，剑术变化万千，不失为剑术中的一枝奇葩。峨眉拳经剑篇中有诗赞道：

玉女素心妙入神，残虹一式定乾坤；
身若惊鸿莺穿柳，剑似追魂不离人。
非同凡技欲歌舞，应是奇传道数真；
输赢只需出半手，纵是越女也失魂。

峨眉剑术所用的剑是软剑，因为在抖腕当中有数种变化，便于发挥峨眉剑术的技击长处，而使硬剑是无法发挥这种技击特点的。

峨眉剑术走剑时要柔如游蛇，外松内聚，飘然轻灵，虽柔亦刚。否则中敌时力不能达到剑尖，起不到弦动物仆的功效。在对敌中，对剑时剑尖要始终对准对抗中线，剑尖则始终不准离开敌方，剑尾可随意游动。峨眉剑讲"剑不行尾"，即剑尾不能对准敌方。

峨眉剑的主要技击技法中，持剑姿势如高姿持剑势，自然开步站立，侧身对敌，右腿在前，右手持剑。持剑的前臂微曲下沉，约与腰齐。剑尖微微上指对方喉部，左手在后自然微弯曲上举。

　　持剑右手微微弯曲下沉是为了有伸缩余地，即行话"藏手"。左臂在后微微上举主要是为了配合整体动作的协调自然。另外，高姿势平剑持剑术是剑尖高度以腰为准平对对方。这种姿势较少用，因为这种姿势有碍于剑术手法的丰富变化。

　　而低姿持剑姿势为马步。这种姿势要求双方马步侧身对敌，剑尖微微上指对方咽喉部。这种姿势在特殊动作中用。峨眉剑要求手心向上平手持剑。这样在敌方点腕时，如果来不及变化，可以以剑托去迎击，容易发力攻击，以便保护手腕的安全。

　　峨眉剑术中的"素女掸尘式"，是与敌对剑走势时，利用腕部的力量使剑身随着步法身法谐调地上下弹动，主要是为了使对方不好找空子对我进行攻击。

　　而"分花拂柳式"，是与敌对剑走势时剑尖随身法步法左右自然摆动。高与肩平，宽不过对方身影。这种剑术带有攻击性质，对敌方喉部常威胁很大。是使对方最不易进攻的一种方法。

　　以上两种方法是峨眉派出剑走势的独特门户。它要求习者的任何进退攻防招法，都能够在这两种方法中随意使用。

　　峨眉剑术的防击技法主

要是"玉女抽身式",以甲、乙称之,甲弓步直刺,乙抽身点腕。双方在高姿右式持剑对立时,甲方大弓步跃刺对方胸部,乙方速后撤并步,点击对方腕部。

另外,乙方也可用后撤步点腕,这种方法是很保险的,就是说虽然守方未点中对方腕部,但甲方的攻击也到不了位,因为乙方向后退出时已离开了原来的位置。乙方在并步点腕后即可趁甲方收剑时反弓步跃刺甲方,这属于随击方法。

另外还有"西子洗面式",当甲方弓步直刺或格挡后直刺,乙方闪身截袭。双方高姿右式持剑对立,甲弓步直刺或微格后直刺,乙方的闪刺方法是向右斜方闪让,剑尖下点,截袭甲方面部、臂部、胸部,这一式同闪法一样厉害。

峨眉剑术主动攻击技法有"紫竹入云式""拂花掠影式""文姬挥笔式""黄莺穿柳式""越女追魂式"等。动作做起来要一气呵成,干净利落,对方往往来不及反应已经中剑了,这是峨眉剑术中较平静而又突然偷袭的特点。

知识点滴

峨眉剑多为残剑、散剑。峨眉《内手拳法卷三歌谱》中剑术之谱记载:"残虹者,非剑之残者也。犹棋之残局,一着即可定输赢。夫剑者,神之所至,精之所化,形之所名者也。知此者,当形神合一,剑我一体,射如蛟龙,抽若惊鸿,则敌无隙可击窍。兵器乃手之加长,用剑之心法,同于拳理,制敌之诀窍,与拳诀无异。直不因其有殊,略有不同耳,弟子当自悟之……"

枪术

　　枪术是一种非常重要的训练手段，所以著名的武术家几乎个个都练过枪术，因此，自古枪术就有"百兵之王"的美誉。

　　枪是军器里最博大精深的、最难学的。两军对阵最管用就是枪。枪使得好的自己就有生命。大枪是扫荡乾坤的神器，"内家大枪术，精忠岳王创，忠臣孝子传"，岳家枪术名重千古。

　　此外，著名的枪术有杨家枪术即梨花枪术、苌家枪术即桓侯枪术、太极枪术、六合枪术、吴家枪术、少林枪术、峨眉枪术、五虎断门枪术等，都是名动江湖的高明枪术。

形中寓意的岳家枪术

　　岳家枪在岳家拳械系列中占据首要位置，技击方法独特，号称"枪中之王"。

　　1103年，岳飞出生在河北西路相州汤阴县永和乡孝悌里，相传岳飞出生时，父亲看见有大鸟飞鸣于屋上，故名飞。岳飞后取表字为鹏举。相传岳飞为大鹏金翅鸟转生，大鹏鸟在佛教中讲是力量最威猛的善神。岳飞乳名五郎，因为之前他父亲岳和曾有4个儿子都夭折了，岳飞还有一个弟弟叫岳翻。

　　岳飞在没有满月的时候，内黄河段黄河决口，大水暴至，岳母姚氏抱飞坐在瓮中，冲涛及岸得免。

　　岳飞虽为农家子弟，却爱武术，10多

岁的时候就能挽弓300斤，在宋代几乎是最高纪录，同时，他向同县的枪手陈广学习枪术。陈广见岳飞勤奋好学，举止不凡，便潜心传授陈家独门七十二路枪术。经过一段时间的训练，岳飞便成为全县无敌的神枪手。

岳飞还向"铁臂大侠"周侗学习枪术和箭法。周侗一生中有3位得意弟子，他们分别是：勇冠三军的80万禁军枪棒教头豹子头林冲，河北大名府绅士、水泊梁山坐第二把交椅的玉麒麟卢俊义，最后一位就是名扬天下的武穆王岳飞岳鹏举。

岳飞跟周侗和陈广学习武术，几年下来精通十八般兵器尤精骑射，对枪更是运用得神出鬼没，有诗赞道：

神枪起法冷飕飕，穿心得蟒凤点头。
六合神枪多变化，独战军中万将愁！

　　岳飞从军后，从一名小兵而官升至节度使，百战百胜，无一败绩，岳飞曾单枪匹马勇闯金兵大营，杀敌千人，刺敌酋长黑风大王。

　　岳飞在日常战斗中，总结很多实战经验，并创立了形意六合门派，有少林六合拳、六合刀、六合大枪，广泛传播于河南开封、汤阴、新乡、安阳等地区，后来流传于安徽、江苏、江西、山东、山西，与本地武技有效结合，逐步形成了少林岳家连拳门、少林通背门、少林意拳门、心意门、形意门等门派。他所创立的枪术独成一派，被称为"岳家枪"。

　　岳飞在其枪谱中，这样评讲当时的战斗："两马交锋，双方都害怕，拿着矛端端不平，直往地上戳。这并非只因铁矛太重，换个轻点的硬木的矛照样举不动，而且木制矛重心偏前，打起来后悔莫及。一旦换用有弹力的白蜡杆，用内力驱动，这枪就活了。枪头只在敌人的胸口、面门处乱窜，挡都挡不出去，越挡越倒霉。"

　　因此，岳家枪术一改当时流行的斜出枪，而是"直取中宫两边荡，左拨右引身先躬，反手斜上直指腰"。这样就大大增强了大枪的攻击性。

　　岳家枪术中还包括回身枪，出枪的范围多在中腹，这样就增大了命中的概率。岳家枪的绝技有"大漠孤烟"和"长河落日"。

岳家枪术中最高层次的还是以沥泉为名的枪术套路沥泉枪。相传岳飞有一天出去到附近小山上游玩，只见半山中有一缕流泉，旁边一块大石上边镌着"沥泉奇品"4个大字，却是苏东坡的笔迹。

那泉上一个石洞，洞中却伸出一个斗大的蛇头，眼光四射，口中流出涎来，点点滴滴，滴在泉内。岳飞忖道："这个孽畜口内之物，有何好处？滴在水中，如何用得？待我打死他。"便放下茶碗，捧起一块大石头，觑得亲切，望那蛇头上打去。

不打时犹可，这一打，不偏不歪，恰恰打在蛇头上。只听得"呼"的一声响，一霎时星雾迷漫，那蛇铜铃一般的眼露出金光，张开血盆般大口，朝着岳飞扑面撞来。

岳飞连忙把身子一侧，让过蛇头，趁着势将蛇尾一拖；一声响亮，定睛再看时，手中拿的哪里是蛇尾，却是一根丈八长的蘸金枪，枪杆上有"沥泉神矛"4个字。回头看那泉水已干涸了，并无一滴。

沥泉枪枪术集中了岳家枪之精华，整个套路36个动作无任何花招，招招实实在在。一招含三招，三招变九招，招招隐藏杀机，招招出奇制胜。

后来，岳家枪术为范氏所继承。至明代末年，范氏第十一代师祖范启勋为明代官员，其子范可礼为明贡生，聪明过人。范可礼兄弟8个，皆通文武经略。时为明末清初，范氏八兄

弟与萧家七兄弟在古相州西洪岭坡团练民众，共保当地平安。

由此可见，范氏岳家枪拳的起源是由岳家枪拳演化而来的。范氏岳家枪拳的创始人即第一代宗师，当为范启勋先生。

范氏岳家拳的主要内容有：一弓箭、二弹弓、三绳鞭、四点穴、七十二字练功法、内经养气调神等。流传的器械有：单刀、大刀、三十六奇枪、小字锤、大字锤、太平锤、字功锤、散手大战法、小战法、连八锤、十八罗汉桩和其他辅助技击的练功法等。

1769年，范启勋玄孙范广带领其子天增、天坤迁移至新乡，将范氏岳家枪拳诸艺作为家教，世代子孙相传。

1894年，后人范清元老闲居家，与同门弟子80余人及师弟杨绍先经数年之功，又根据祖传老枪谱特点，依阴阳气窍、内五脏外五官、五行八卦、七十二字等内容，反复推敲，相互比较，整理成诀，以传子孙门徒。至此，范氏岳家枪自成一体。

知识点滴

岳家枪经历代相传，已成为形意门必练的重要器械。后世的"形意大枪"，是耿德福家传绝学，是从"耿子枪""耿子拳""岳家拳""岳家枪"演变而来。本不传外人。但他却打破陈旧观念，将它无私地传授给了徒弟。

耿德福说："形意拳是枪拳合一的拳术，拳术练到一定水平，必须练大枪。枪能弥补拳的不足，这样才能使形意达到更高的境界。"他演练的"四门龙行枪"，枪头吞吞吐吐，如白蛇吐信，似金鸡点头；枪缨左右翻飞，宛若凤舞梨花；枪杆上下抖动，犹如蛟龙出水。

枪舞梨花的杨家枪术

　　杨家枪，全名为"杨家梨花枪"。据《南乐县志》记载：北宋年间，宋军元帅杨延昭摆牦牛阵，要在南乐一带与辽兵决战，不料被敌识破，退回察院。杨延昭独自断后，因多日鏖战，疲惫不堪，遂在旷野一菜园草屋小憩。

　　岂知杨延昭一时失慎，竟患卸甲风昏迷过去。幸亏恰遇东寺庄精

通医理的老人袁代，袁代将其搀扶到家中精心治疗，几经周折杨延昭
化险为夷。杨延昭感恩不尽，以重金酬谢，袁代辞而不收，但求赐教
枪术。杨延昭满口答应，事后便派人前往袁家精心传授。

后来因宋军挥师北进，袁代枪术尚未学完，杨延昭便派老将杨洪
将祖传枪谱馈赠袁代。

南宋末年，红袄军首领李全的妻子杨妙真枪术精奇。《宋史》中
《李全传》记载"二十年梨花枪，天下无敌手"。

杨家枪谱：

> 杨家枪术世称雄，前手正，后手硬，仰手合手都有空。
> 去似箭，回如线，手疾眼快扎人面。舞花枪，眼花缭乱。锁
> 喉枪，鬼神难挡。回马枪，神仙难防。怪莽翻身，梨花盖
> 顶，乌龙翻江出海滩。绣女穿梭奔日月，金门石开抢中腕。
> 要问此枪名和姓，七郎八虎守边关。

明清时期，杨家枪被武林公认为第一名枪，是当时流传最广、影

响最深的枪术流派,因舞时如梨花摇摆,又名"梨花枪"。戚继光在《纪效新书·长兵短用说篇》中指出:"杨家枪变化莫测,神化无穷,天下咸尚之。"俞大猷在《剑经》中也说:"山东、河南各处教师,相传杨家枪术。"吴殳在《手臂录》中进一步指出,"杨家枪,学之易,用之利,大有益于行阵"。

从以上引证明显看出杨家枪早在明清两代就已享誉武林,受到尊崇。杨家枪能名垂古今,究其原因,就是因为它较早地形成了系统完整的枪术理论和精妙实用的枪术体系,正如《纪效新书》所记载:"杨家之法,有虚实,有奇正,有虚虚实实,有奇奇正正。其进锐,其退速,其势险,其节短,不动如山,动如雷震。"

在明代,杨家枪名声很大,被誉为最上乘的枪术,兵书《武编》《阵记》等书均有记载,是为当时山东等地专习。

杨家枪技击战术以"快"为主,注重虚实兼备,刚柔相济,如《纪效新书》中说:"枪是伏腰锁,先扎手和脚。疾上又加疾,扎了还嫌迟。"何良臣《阵纪》中也说:"锐进不可挡,速退不能及。"

清代康熙时期,杨家枪为山东牟平县马某所传。清代末期,杨家

枪术是由少林拳正宗第二十八代宗师，有"铁掌震东海"之称的杨秀山先生所传。是少林武术进行年代定位，以及少林拳在兼收并蓄过程中，传承脉络的有力证据。

杨家枪的主要内容是：八母、六合、二十四枪势。八母：即拦、拿、提、撸、颠、缠、还、圈。它们是8种基本枪术，是形成杨家枪技术与技法体系的骨干与核心；六合：一接、二进、三拿、四缠、五拦、六直。六合是杨家枪术对扎攻防的6项基本法则；二十四枪势是杨家枪的枪术组合套路，是最早的枪术套路。它由夜叉探海、四夷宾服、指南针、十面埋伏、青龙献爪、美人纫针等24势组成。

杨家枪手执枪根，出枪甚长，而且有虚实，有奇正。进其锐，退其速，其势险，其节短，不动如山，动如雷震。最绝妙之招是在一得手后便一戳，敌方一失势便无再复之隙。杨家枪基盘在两足，身随其足，臂随其身，腕随其臂，合而为一，周身成一整劲。

杨家枪共7个套路，计二百二十三式记真，各套路其枪势又多少不一。单练套路有常合枪三十二式等，对练套路有二十四式。

大花枪四十二式，由白蛇吐信、铁牛耕地、燕子夺窝、黄龙卧道等组成；花战枪三十八式，由十面埋伏、叶底偷桃、蛟龙出水、恶狼扒心等组成；十七战枪十七式，由黑虎卧身、下步角入水、滚坐马势、青龙落地等组成。

军战枪二十二式，由狂风摆柳、左蛟龙、乌龙摆尾、鲤鱼脱钩等组成；梨花八母枪十六式，由夜叉探海、恶虎扑鹿、跨虎开山、青龙献爪等组成。

阵战枪五十四式，由童子抱心、旋风破道、怀抱琵琶、火焰穿云等组成；小花枪三十四式，由金簪拨灯、乌龙入洞、乌鸦贯顶、苏秦背剑等组成。

杨家枪主要动作分为：直刺法、撒枪术、点枪术、拖枪术、拣枪术、提枪术、扫枪术、挑枪术、枭枪术、压枪术。拨枪术、逼枪术、格枪术、勾枪术、回马枪术、挑点枪术、拿卷枪术、悬脚枪术、攒刺击法、杀手枪术等。

临敌之时，先已蓄势欲发，或以右侧弓步，待敌临近大喝一声，扭转身躯，或左前弓步同时急将枪尖起花，从下泛起直刺敌心，敏疾异常，若非有所准备，则很少有不得手的，诚为枪术中之至妙者。

正因为杨家枪术系统完整，精妙实用，它才能驰名于天下，人们竞相学习、使用、发展它，进而从杨家枪中派生

出马家枪术和沙家竿子。这两种枪术的创立，不仅丰富了枪术体系的内容，同时也进一步增强了杨家枪在武林中的魁首地位。

马家枪据传系南京回族马家所创，明代永乐年间迁至河北青县，明代中期有马仲良者善枪术，遂与沙家枪齐名。

马家枪出于杨家枪而参以击打，即枪棍合一，特点是"枪为神骨而棍为皮肉"。马家枪，属短枪、硬枪。枪术风格：身短而法奥，其势紧密而迅疾，其用在手，身如轻风随云，手如青蛇渡水。枪术技术体系以二十四枪势为主。

沙家竿子虽名"竿子"，其实是枪制，头重腰软。沙家竿子之用在两足，身随其足，臂随其身，腕随其臂，乃合而一。其势阔大而迅疾，其用在足，腾挪进退，身如电光击石。

后世传下来的杨家枪主要包括二十四枪名、七十二路花枪、四十二路散枪、二十四枪式和枪里夹棍。其中被人们广泛知晓的二十四枪式中包括杨家的钩挂枪、追风枪、回马枪、封喉枪等。

最为独特的是，杨家枪枪杆长一丈二，有"一寸长一寸强，一寸短一寸险"的说法，而枪头却只有一寸长。这种配置，据说是因当时打仗身穿盔甲缝隙很小，便于穿透盔甲。

枪术发展里程碑吴家枪

　　吴家枪的创始人为吴殳，生于1611年。他是明清时期最有成就的武术家之一，更是继程冲斗之后唯一留下大量著作的古代武术家。

　　吴殳在学术上没有什么家学传承，学识主要得自"于书无所不窥"。但一生游踪甚广，多次往返于南北之间，与顺治、康熙年间的文坛人物多有交往，经历和学术活动都十分复杂，当时有人说吴殳是一个"奇人"。

　　吴殳既是明末清初的诗人和史学家，又是一位成就卓著的武艺家和武学学者，他的名字在武术界很响亮，他的《手臂录》更是一部武学名著。

　　吴殳的名著《手臂录》自1678年正式刊行以来，被历代武术界尊为"枪术大成"，列为典籍。它融经、论、谱、诀

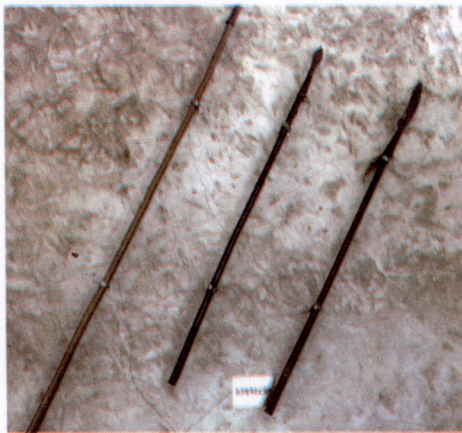

于一体，图文并茂，理法技艺俱佳，是研究古代枪术和枪术发展史极为珍贵的资料。

吴家枪是《手臂录》的核心。其他著名枪术如石、马、沙、杨、少林、峨眉等都是为烘托吴家枪术而辑入。书中对各家枪术均详加诠解与辨析，一一讲明其优势异同。先从石家枪术入手，最后归之于峨眉，系统而完整，多有独到见解，使人对古代枪术一览无余，开卷受益。

吴家枪术是明清时期枪术大发展的产物，是古代枪术发展史上的里程碑，对后世枪术的发展与完善，起到承前启后的历史性作用。

吴殳在《手臂录·卷二·针度篇》写道：

予受敬岩戳革之法，练习两年，手臂粗得柔熟，敬岩猝死于王事。虽脱化之微意，余已领会，终不知枪有若干法也。

广而求之于程冲斗之书，得棍术于洪转之书，得少林枪术于郑华子，得马家枪于倪近楼，得杨家枪、沙家竿子于柳城，得敬岩所自出之淄川韩氏枪术，而昔所未闻者，备闻之矣。最后得程真如峨眉枪术。

悉心所得，遂有五百余法，亦觉其中多空疏不切实用者，而以为皆出自名家，不敢轻动，其后自有省发，不得不收，今得一百十法亦云溢矣。

从这段叙述，可以明显看出吴殳经多年的勤求博采、潜心研究之后，从500余种古代枪术中精选出110种，组合形成了吴家枪术，并由此而辑成名著《手臂录》，为后世留下宝贵文献。

吴家枪术的风格与特点是枪如蛇行，手足迅疾，见肉分枪，贴杆深入，圈为元神，分形入用，急进连击，刚柔相济，攻守兼施。

吴家枪术技术体系包括扎法21种、革法11种、步法15种为基本内容。枪术中的重点是"十枪九扎"，扎法是枪术中的主要进攻性枪术。峨眉枪只有十八扎，而吴氏增至21种，增强了枪术的技击威力，突出了"以攻为主"的武术技击思想。革法虽然有所减少，但枪术相对更加精妙实用，充分体现了"枪本为战阵而设"的战略战术思想。

步法在武术中占有极为重要的地位。但是在明清之际很多武术家却忽略了这一重要问题，《峨眉枪术》公然提出"不言步法，不言立势"的观点。杨家枪也存在"撒手杀去而脚步不进"的重大缺欠。

作为一代武术大师的吴殳，敏感地意识到步法在枪术技击中是起

决定作用的。因此他明确提出"足不可松，其妙在于活，退则以长制短，进则以短制长"。

吴殳还将15种步法列入枪术技术规范之中，这不仅丰富了枪术技术体系的内容，增强了枪术的实用技击价值，也为后世枪术的发展开创了良好的前景。他所创立的骑龙步、虚步、四门枪步、剪刀步等后世仍在沿用。

吴殳在枪术理论上有很多发展和创新，他在《手臂录》中提出一整套系统完整、精妙实用的枪术理论，如枪术圆机说、一圈分形入用说、枪根说等，一直在指导着枪术的发展和完善，成为后世武术理论体系的重要组成部分。

知识点滴

《手臂录》是吴殳撰写的兵书之一，是他对戚继光兵学名著《纪效新书》18卷本的改写、诠释与发挥，可以看成是一部关于《纪效新书》的讲义或导读。书的署名是："明定远戚继光元敬立法后学古吴吴殳修龄达辞"。

在明末清初武术蓬勃发展的大好形势推动下，枪术率先向系统完整、精妙实用、理明法备的高层次发展。四大名枪的产生和确立，就是这一昌盛时期的历史标志。

四大名枪之一峨眉枪

　　峨眉枪术在明清枪派中占有重要地位，它的创始人是四川峨眉山普恩禅师。相传普恩遇异人授以独特枪术，他曾经两年于密室研习，通彻其中的枪理与精义后，将枪术传于徽州的程真如和月空行者，两人将这技艺风格独特的枪术带回中原进行传播。

　　后来程真如达其义，手著成书，命名为《峨眉枪术》，传于朱熊占。朱熊占于1662年在鹿城盛辛五家中巧遇江苏太仓人吴殳，朱熊占

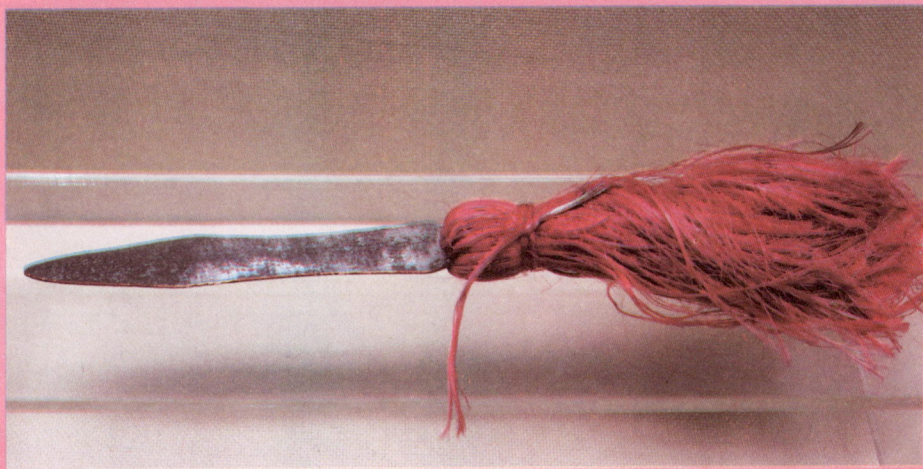

慧眼识人，收文武兼备、年已51岁的吴殳为徒，亲传峨眉枪术并赠其书。明代著名军事家、武术家程冲斗撰有《耕余剩技》，记述了"峨眉枪术""白眉棍术"等技艺。

吴殳于1678年将《峨眉枪术》收入他的名著《手臂录》使其流传千古，成为武林名枪之一。其中写道：

西蜀峨眉山普恩禅师，祖家白眉，遇异人授以枪术，立机穴室，峨习两载，一旦悟彻，遂造神化，遍游四方，莫与驾并。枪术一十八扎，十二倒手，攻守兼备，破诸武艺。

据著名武术史学家唐豪在其《中国武艺图籍考》中说：峨眉枪术系峨眉僧普恩传，海阳程式真如撰，太仓吴殳辑，计有治心、治身、宜静、宜动、攻守、审势形势、戒谨、倒手、扎法、破械诸、身手法等到十一篇；另总要一篇，系洞庭翁慧生补作，载吴殳《手臂录》附卷。从引文中，可以看到，峨眉枪术历史悠久，传自峨眉僧，唯峨眉师弟相传，其枪术是峨眉派枪术中最著名的，除峨梅花枪、左把枪、断门枪、四门枪、马家枪、锁喉枪、子午枪、二郎枪、奇门枪、太平枪、连环枪、五虎擒羊枪、双头枪等等。

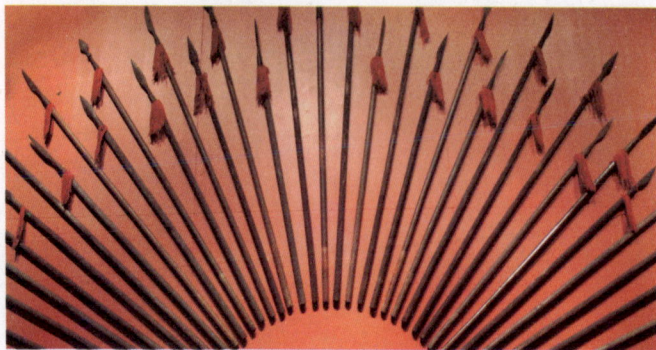

峨眉，可算是古代巴蜀的代称，峨眉武术，也可称其为"巴蜀武术"。因为峨眉山作为佛教圣地的关

系，峨眉武术脱离不了与佛教思想艺术的联系，相比少林，峨眉枪术功架优美、劲力饱满、步活身灵、枪路纵横、变化多端，所谓"枪似游龙扎一点，舞动生花妙无穷"，实在是优雅飘逸许多。

峨眉枪一般枪长2米左右，峨眉枪是三刃枪，抹扫挑劈等不用管刃在何方。其枪用势与众不同的最大特点是枪不走圈，崩分敌枪多走半个不到的周圆，外枪相交时弧线崩分后多用挑枪，一般多配合后步斜上挑枪，其以便卸力，以便安全进入，内侧相交时崩分后多侧上前步抹扫，敌大步退时滑竿追刺。

峨眉枪少大开大合，其与拳法相同，与众不同之处在于多用涌泉力而少用丹田劲。其小幅度脚心一紧的整体抖弹，还有就是先出枪，身步追着枪势的梢牵法，与大多用根摧枪势不同。

峨眉枪术心解即是"枪不走圈，剑不行尾，拳不接手，人以根摧，我以梢牵，人以丹田，我以涌泉，人以意求，我以自然"等而为特色。

峨眉枪术理论体系较为完备，讲究用技易，练心难，强调意气力技综合发挥的重要意义。提出宜静、宜动、攻守、审势等技击战略战术法则和枪术要诀。峨眉枪诀中说：

峨眉剑术有妙方，也有枪术堪称强；
素娥守门人难识，玉女抽身势难当。
斜插梅花大拂面，双鬟扣门小试枪；
圈拿点扎莫管他，避青入红不用忙；
更有分花拂柳式，纵是神仙也难防。

峨眉枪的套路招式包括素娥守门、玉女抽身、避青入红、素女掸尘、小鬟扣门二式、倒步迎进分花拂柳式、大开门迎进分花拂柳式、分花拂柳一步三枪、你分我也分崩分点喉枪、拦路枪、分花拂柳对劈枪、分花拂柳分杆枪等。

峨眉枪站势时即中平藏把持枪势，枪尖始终对着对方身体中线，以一静制百动，不管对手晃上晃下的虚招，退让转走中寻机，见机突然出击加飘进，突然进，突然飘出。属江湖步战枪。

峨眉枪术中所谓的"大蹲身圈枪盖压"，即利用身体沉降的整体力，和枪杆弹性及盖把的杠杆力。大蹲身即用丹田劲出击，亦即用根摧法。峨眉枪还要画个半弧，抬腿时盖上身下压以枪杆弹性向下弹抖打压枪杆，使其亮开门户，此利用上身起落对争力及突然弹抖劲和你之臂力的各种力，但比大蹲身打法要快半拍，此即起步时打人，运动中发力。

峨眉枪术中还有"破大蹲身盖压"：敌蹲身盖压不用同其形成抗力，让其将你枪圈过，顺势前步向对方正门侧上，步以大跨步前插挺枪扎腹。

清代末期以后，由于洋枪洋炮的输入，武术的御敌功能不再具有广泛的意义。三大派武术都渐渐式微了，但是仍然有许多民间人士以强身健体为目的而习武，峨眉枪术到了后世也大放异彩，四川武林人物李毅立、任刚、彭项等将其发扬光大，使各自所练枪术成为全国一流水平，屡屡在全国和亚洲武术竞技中夺得金牌。

门类齐全的少林枪系

少林寺是武术之祖庭，不仅拳棍功夫名满天下，枪术也很突出。如金元时期的惠威和尚，就曾以枪术威震疆场，并为保卫中原百姓的生命财产立下了累累功勋。

少林枪术起源于宋代，在技法、理论方面强于其他各家枪术，这是因为少林武僧善于吸收百家枪技精华，集百械击艺之大成。

少林寺在棍术的基础上，吸收各家各枪之精华，融会贯通，创出以枪为主，兼用棍术，枪棍合一、刚柔兼施、风格独特的少林枪术。因少林枪术系统合理，精妙实用，理明法备，受到武林人士的珍视，

很快传遍大江南北、黄河两岸。

少林枪系主要由洪转梦绿堂枪术和程冲斗枪术组成。梦绿堂枪术是少林寺第一代枪术，它由少林寺武僧洪转大师所创。

少林八母枪指封、闭、提、掳、拦、拿、还、缠。八母是少林枪术中8种基本枪法。枪法变幻虽多，但离不开这八母枪的攻防范畴，诸法由此而生，故称之为本。

六妙即一截、二进、三乱、四定、五斜、六直。六妙是6种对枪技击战术和技击诀要，是枪术之用；五要即一圈、二串、三排、四压、五扎。讲的是枪术精妙运用，技击变化之理，故称之为变；三奇为一软、二闪、三赚。是对枪技击中战术与技法在具体实施中刚柔强弱、斜闪悠回之技巧诀要，故称为巧。

洪转所创梦绿堂枪术达到了"理明法备，精妙实用"之境，堪称少林枪术之鼻祖，有历史和实用价值。吴殳赞为"尽此诸法，枪可以贯诸艺矣"，实不为过。少林枪术形成发展历史中，安徽休宁人程冲斗，功不可没。

程冲斗生于1561年，少年好武，家资丰厚，为得真艺，凡闻名师，不远千里，挟资往而求之。曾在少林寺学艺达10年之久，得高僧洪转、洪纪真传。后又得河南李克复枪技。其枪棍俱精，卓然成家，枪术技艺，独造妙境，当时风行海内，享有盛誉。

1621年，程冲斗完成《耕余剩技》一书，这是继戚继光《纪效新书》之后，又一部较为完备的武术专著，对后世的武术发展影响极大。《耕余剩技》中的《长枪术选》和《手臂录》中的《程冲斗十六枪势》是继洪转《梦绿堂枪书》之后，研究少林枪术的宝贵资料。

程冲斗主要贡献是在洪转所创少林枪术的基础上，突出了以力度见长的大封大劈和猛崩硬扎的特点，从而使力度与技巧有机地融为一体，提高了少林枪术的整体技击威力和实用技击价值，进入"大而不笨，巧而不浮，精妙实用，刚柔兼备"的上乘阶段。

从程冲斗大力提倡的"崩枪术"就可看出程冲斗在枪术上的高深造诣与远见卓识。仅《程冲斗十六枪势》中就载有7种崩枪法，主要是霸王上弓、铁牛耕地、崩靠、活崩对、死崩对、活崩退、翻身崩退，它们包括了后世枪术中的定步崩枪、活步崩枪、转体崩枪，上中下三路崩枪法尽涵其中。

武术中不论是枪术套路还是传统枪术流派，崩枪都是必备的枪术。程冲斗所论少林枪术是集前人之大成，他认为大枪身长及远，体重力猛，大劈猛崩硬扎是大枪得天独厚的自然优势，也是大枪称霸武林的特殊技能。

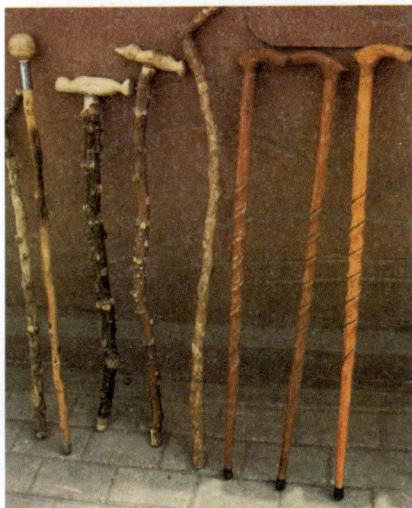

程冲斗经多年的潜心研究，在《长枪术选》中明确提出："制胜之方其要亦唯以中平为主，虽有擒拿勾捉等法，深思临敌便捷可望常胜者，无过大封大劈为最。"

少林枪术系列，有五虎枪、夜战枪、提卢枪、拦门枪、金花双舌枪、担拦枪、十三枪、十八名枪，二十一名枪、二十四名枪、三十一名枪、四十八名枪、花枪、杨家枪、罗家枪、六合枪、八十四枪、六门枪势、十枪架、六路花枪、密授枪谱三十六点、豹花枪等。

另外对练枪术有枪对枪、对手枪、战枪、双刀对枪、六合枪、三十六枪破法对练、二十一名枪对刺以及大刀进枪、单刀进枪、双刀进枪、梢子棍进枪、三节棍进枪等种类。

少林枪术有一条歌诀是：

身法秀如猫，扎枪如斗虎；枪扎一条线，枪出如射箭；收枪如捺虎，跳步如登山；压枪如按虎，挑枪如挑龙；两眼要高看，身法要自然；拦、拿、扎、点、崩、挑、拨，各种用法奥妙全。

少林六合枪可谓一部实用枪术宝典，由6种枪术绝招组合而成，故名"六合枪"。这个套路是两人以实战为基础的真枪对刺演习。

其特点是：真枪实战、短兵相接、枪术简捷、直取快攻、一招制胜。讲究"长兵短用，技智兼施，灵活多变"。著名的杨家枪、罗家枪以及岳家枪都是从少林六合枪术中吸取精华而名扬于天下。

少林杨家枪是宋代杨家大破辽兵所传下的枪术，是少林枪术中的精华套路，其套路动作主要有拦、拿、扎、劈、崩、挂、挑、穿、架、撩、摔、点、舞花等枪术组成。演练时持枪稳活，气势奔放，上下翻飞，神出鬼没，变化莫测，充分体现了"枪似游龙"的特点。

少林六合枪一直是少林寺秘不外传的镇寺之宝，经过历代武术高僧的不断修正和完善，其枪术之精妙已经达到炉火纯青的境界。

少林十三枪是少林兵器中的长枪术，结构完整，框架独特，其中扎枪的动作有十三式，故名"十三枪"。擅长于刺、挑、劈、扎的反复运用。少林十三枪的套路主要有拦、拿、扎、劈、崩、挂、挑、穿、架、舞花等枪术组成。

少林梅花枪是属于少林太祖门的一套传统枪术，动作合理，简洁明快，刚劲有力，整本技术规范。本套路配有实战教学，增强了少林传统套路的运用性。

少林寺中历代遗物是少林武术起源的历史见证，白衣殿内"少林拳谱"壁画，描绘了少林寺和尚练拳习武的真实情景。

殿内还有寺僧演练器械、挥舞枪棍的壁画，千佛殿是当年少林寺的练功房，地堂上还有48个寺僧"站柱"的遗迹，传说是众僧苦心学艺，两脚踏踩而成。反映了古代少林寺僧练少林武术的真实史迹。

知识点滴

扎根山东的罗家枪术

武术之乡山东，自古流传着一句话叫作"枪不扎石桄，镖不喊铜城"。这句话的意思是说：保镖到了铜城这个地方就不能喊"镖局"的镖号了；你要是喊"镖局"的镖号，那就是藐视铜城练武术之人；如果不喊"镖局"的镖号，铜城练武术的人就认为你是"尊重他们"让你"平安路过，人货无损"。

而"枪不扎石桄"意思则是说，凡是练枪之人到了山东肥城石桄村，就不能说你是会练"花枪"的人了，否则就是和石桄村的人叫板。这说明了石桄村练大枪的人之多、之广、之精，名扬四海。

石桄村的枪术之所以有名，与它继承了优秀传统枪术"罗家一百单八枪"是分不开的。"罗家一百单八枪"的枪术历史渊源，在民间广为流传，脍炙人口。

相传在隋代某姜氏大族有一套传家枪术，作为杀敌健身的绝技祖辈相传，并不外露，不教外姓。适有姜家书童罗艺年幼而颇有心计。侍书之余竟把这套枪术偷偷地学了下来。

一天罗艺正在偷偷演练，被姜家人发现。姜家人怕枪术绝技外出，无奈招罗艺为婿。罗艺成为了姜家的倒插门女婿后，薪火相传于其子罗春、罗成、罗松。

至此这套枪术日益精湛纯熟。反以"罗家枪"的名称流传开来。之后，罗家几代人就凭这一百单八枪的绝技，南征北战，所向无敌。闻名一世的"回马枪"就是这套枪术中的一计绝招。

在明代末年就有了石栱村，因此也就有了"罗家枪"。当时石栱村有一句家喻户晓的民谣：

徐记的枪，梅记的棍，尹记的扁铲不用问。

相传罗家枪在这时就汇同"杨家大枪""七星断魂枪"在徐家家族里传授。

至清代乾隆年间，罗家枪开始外传，其主要一支源自徐三跳。徐三跳是清代乾隆年间石栱村人，出身武术世家，以保镖为生，武艺精湛，名贯山东。

周广振为清代末年间石栱村人，是徐三跳得意徒弟，也以保镖为生。他的徒弟有周学勤、周学俭、常世成、常世路、董茂田等均是山

东有名拳师，对石栱村武术流传、发展影响很大。师徒几人经常一起习武，研讨枪术的攻防技巧，对罗家枪的传承和发展做出了重大的贡献。其中由以董茂田最为突出。董茂田精通大洪拳、小洪拳、太祖长拳、六合拳、燕青拳、武松脱铐、秦琼带肘等多种拳术。对十八般兵器也很精通，尤其擅长罗家枪术和杨家大枪。

尹芬祚也是石栱村人，生于1906年，是董茂田的亲传弟子，还曾拜姜化龙、吴子玉、刘殿臣、孙庆云等为师。曾在山东开过武术馆，掌握少林门派的多种拳术。他非常擅长"罗家枪"和"杨家大枪"，曾在枪术上下过很大功夫。当年在北京景山教几个徒弟练罗家枪，其中一个徒弟姚志刚对"摸眉枪"练了数遍就是练得总不到位。这时候尹芬祚一时怒起，抄起一杆"花枪"，喊了一声："递枪！"

在姚志刚"递枪"的一瞬间，尹芬祚拿枪、扎枪、扫枪在眨眼间完成，经姚志刚左眼上眼皮之上、左眼眉毛之下两厘米的位置，如蒜皮一样划了一道血痕，尹芬祚怒气未消，把枪扔在了地上，对着大伙说道："你们看着，这才叫'摸眉枪'！"

在场的人看得全都目瞪口呆，这一枪力量大一点眼睛被扎瞎；力量小一点啥也没扎着；在场的人都惊叹这一枪的力度精准、毫厘不差。

罗家枪也是一种"枪对枪"的双人对练项目。俗话说"七尺枪，五尺棍，大枪一丈零八寸"，罗家枪是"七尺枪"的一种。罗家枪有它的独到之处，就是以组合形式表现出来的：每三枪为一组，每四组为一段，每三段为一路，每路三十六枪，共上、中、下三路，是为完整的一套"一百单八枪"。

其中上路枪是武点枪术，以大劈大盖为特色；中路枪是文点枪术，以细腻灵巧为特色；下路枪是一枪武点、一枪文点，文武交错的枪术，三路枪均枪法分明。

罗家枪套路中虽有文武之分，而在具体枪的用法时，武点枪可批为文点枪，文点枪也可批为武点枪。因此罗家枪千变万化一枪三变，适用于战场上不可预测的各种实际情况。

罗家枪术既雄浑果敢而又精巧细腻，拦拿柔妙，脉络分明。全套枪术攻击部位主要是"咽喉、外肩、虎口、裆部、胯部、膝盖、脚背"等几个部位。这是因为古代人作战，全身披挂盔甲，保护严密，只有这几个部位是暴露的，所以全套枪术主要攻击这几个重点部位。虽然主要是这几个部位，但是枪术却神出鬼没、变化无穷。

罗家枪的枪术既体现了"枪扎一条线"的枪术法则、特点，又有它自己独特的枪术风格。罗家枪以快、巧、妙见长，以攻为守，守中带攻。不躲不闪，攻守相合。枪术中体现了"拦、拿、提、捋；劈、崩、穿、点；挑、拨、扫、磕"12种独具特色的枪术，配合各种步形、步法构成了一个完整的"罗家枪一百单八枪"实用套路。

罗家枪使用起来变化莫测、神化无穷；动如雷霆电闪，细如游龙穿梭；节奏分明，气势雄浑。石栱村的武术行家们曾形容罗家枪对练起来好似"如鸡滚斗"。

意思是说：两个人对练起来，两条枪恰似"两只红冠雄鸡争斗，上下飞腾、左右厮打；前后追赶、杀气腾腾；翻滚跌扑、游如龙蛇"。把一套罗家枪形容得活灵活现、恰如其分。

罗家枪枪术里讲："中平枪，枪中王，远近高低都无妨；上不拦，下不拿，中间一点见阎王。"可见这"中平枪"是一招很难防范的枪术了。

罗家枪不仅自己以"中平枪"见长，破"中平枪"更有独到之处。如：甲方用"中平枪"刺乙，乙半虚步手持枪，左手在前，右手在腰间，枪尖与咽喉一平。左手封、右手合，中腰和手臂同时拧劲，步法由半虚步变为弓步，乙方枪杆前四分之一处顺甲方枪杆滑出一个小半圆弧度，顺势将甲方的枪杆滑出数尺远，同时扎进一枪"中平枪"。

罗家枪枪术里讲究："里为封，外为合；封合粘压嗑进步，挑劈沾扎两相护；上有上劲，下有下劲；托有托劲，按有按劲；上崩下磕，里外伸进。"这才是罗家枪"滑竿、粘竿"的一个完整动作，这也是罗家枪与其他枪术的不同之处。